Der
Weideratgeber

Der Weideratgeber

Anlage · Pflege · Nutzung

von Birgit van Damsen

CADMOS
PFERDEBÜCHER

Gestaltung und Satz: Ravenstein, Verden
Titelfoto: Birgit van Damsen
Fotos: Birgit van Damsen
Grafiken: Romo Schmidt
Druck: Proost, Turnhout

Printed in EC

ISBN 3-86127-533-3

Inhalt

1 Pferde sind Grasfresser

Pferde grasen sehr wählerisch.

Der Urahn unserer heutigen Pferde, das Eohippus, lebte noch in Wäldern und ernährte sich von Blättern, Früchten und Samen. Erst als sich im Verlauf der Evolution das Klima änderte und die Regenwälder den Gras- und Buschsteppen wichen, passte sich das Urpferdchen an und wurde zum Grasfresser. Dieser Umstellung vom Laub- zum Grasfresser gingen Veränderungen des Kauapparates und des Verdauungstraktes voraus, die dem Pferd die Aufnahme und Verdauung größerer Mengen faserreicher Nahrung ermöglichten.

Die Nahrungsansprüche und das Verdauungssystem der Pferde haben sich bis heute nicht verändert. Noch immer stellen Gras und seine Produkte wie Grasschnitt, Heu oder Grassilage die Hauptbestandteile des Pferdefutters dar. Anstelle der ausgedehnten Grassteppen jedoch, auf denen frei lebende Pferde unbegrenzt Platz hatten und ihr eher karges Futter selbst suchen mussten, stehen den Pferden heute vom Menschen angelegte, relativ kleine Weideflächen mit nährstoffreicheren Futterpflanzen zur Verfügung. Das spezifische Fressverhalten der Pferde mit vermehrtem Umherstreifen und selektivem Grasen, das heißt Auswählen wertvoller Gräser und Kräuter sowie Verschmähen und Verkoten nicht schmackhafter Weidepflanzen, erfordert gewisse Pflege- und Düngemaßnahmen.

Ohne diese Arbeiten würden die Weiden rasch pferdemüde und zumindest zum Zweck der Nahrungsaufnahme auf die Dauer unbrauchbar werden.

Wer als Pferdehalter in Eigenregie gekauftes oder gepachtetes Weideland fachgerecht bearbeiten möchte, benötigt hierfür unbedingt ausreichende Kenntnisse zur Pflege und Düngung von Pferdeweiden. Fundiertes Grundwissen ist aber auch erforderlich, wenn der Pferdehalter einen Landwirt mit der Bearbeitung der Weideflächen beauftragt. Denn die meisten Landwirte sind auf Ackerwirtschaft oder Rinderhaltung spezialisiert und wenig oder gar nicht mit den Ansprüchen von Pferden vertraut. Deshalb muss der Pferdehalter die Arbeit des Landwirts zumindest beurteilen, einschätzen und gegebenenfalls korrigieren oder ergänzen können. Darüber hinaus ist der Pferdehalter für eine verletzungs- und ausbruchsichere Einzäunung, die Installation anderer notwendiger Weideeinrichtungen sowie die auf seinen Pferdebestand abgestimmte Nutzung der Weideflächen verantwortlich, um die Gesunderhaltung seiner Pferde gewährleisten zu können.

Dieses Buch gibt einen Überblick aller erforderlicher Weidearbeiten, nennt die wichtigsten Weidepflanzen, gibt Auskunft über für Pferde geeignete Weidestandorte sowie über Pacht und Kauf von Weideland, erstellt Kriterien und Anleitungen für pferdegerechte Weideinstallationen und klärt über eine ernährungs- und verhaltengerechte Weidehaltung sowie über die fachgerechte Herstellung, Beurteilung und Lagerung von aus der Weide gewonnenen Futtermitteln auf. Ergänzt werden die Texte mit praktischen Tipps und zusätzlichen Informationen, anschaulichen Grafiken und Skizzen sowie übersichtlichen Tabellen.

2 Geeignete Weidestandorte

Der richtige Standort für die Pferdeweide hängt sowohl vom Bodentyp und der Lage des Weidelandes als auch von den spezifischen Ansprüchen des Pferdebestands bezogen auf Anzahl, Nutzung, Rasse, Temperament, Größe, Futterverwertung, Alter und Geschlecht ab.

Die Bodenbeschaffenheit des Weidelandes ist ein wichtiges Auswahlkriterium. Denn zum einen muss der Untergrund strapazierfähig und trittunempfindlich sein und zum anderen soll der Boden den Pferden ausreichend Nahrung bieten.

Grundsätzlich sind sehr trockene, meist sandige Böden zwar trittfest, dürren jedoch bei länger ausbleibendem Regen schnell aus, was Futterknappheit zur Folge haben kann. Bei nassen und schweren, meist tonigen oder moorigen Böden kommt es dagegen leicht zu Überschwemmungen und dem Schädigen der Grasnarbe durch die Pferde. Außerdem wachsen auf solchen Böden oft unerwünschte und nicht schmackhafte Weidepflanzen. Andauernde Staunässe und Matsch führen nicht selten zu Hautproblemen (Mauke) bei den Pferden. Für Pferde ideal sind eher trockene, sandhaltiger lehm- und kalkhaltige Lössböden, die zum einen sehr fruchtbar sind und zum anderen genügend Trittfestigkeit aufweisen. Dieser Bodentyp ist jedoch nicht überall vorzufinden und wird überdies vorzugsweise für die Ackerwirtschaft genutzt.

Auch die Lage muss bei der Weidewahl berücksichtigt werden. So sind Feuchtwiesen in Talsenken mit anhaltender Staunässe sowie Weideland an Gewässern oder Wäldern wegen des erhöhten Insektenaufkommens in der warmen Jahreszeit nur eingeschränkt nutzbar. Sumpfige Wiesen müssen zudem trockengelegt werden, um sie für Pferde nutzbar zu machen, was einen hohen Kosten- und Arbeitsaufwand bedeutet.

Waldkoppeln können durch eindringende Wildtiere und/oder angrenzende Jagdreviere problematisch sein. Außerdem beschädigen umfallende Bäume oder größere Äste nicht selten die Einzäunung.

Auch Hanglagen mit steilen Abhängen sind für Pferde weniger geeignet, weil auf ihnen bei Nässe sowohl Trittschäden auftreten als auch die Pferde leichter ausrutschen und sich verletzen können. Zudem kann es besonders bei Fohlen und Jungtieren zu Fehlstellungen aufgrund einseitiger Belastung kommen. Zu bedenken gilt auch, dass Hangwiesen maschinell nur schwierig oder gar nicht zu bearbeiten sind.

Weideland, das an viel befahrenen Straßen oder gar Autobahnen beziehungsweise stark frequentierten Wegen liegt, stellt höhere Ansprüche an die Hütesicherheit (Festzaun, gesicherte Weidetore, Alarmanlagen). Auch von weit abgelegenem Weideland, das nicht ständig beaufsichtigt werden kann, sollte man Abstand nehmen (Pferdediebe, Pferdeschänder!).

Gut geeignet sind dagegen flache oder leicht hügelige Lagen, am besten in Rechteckform und in der Nähe menschlicher Ansiedlungen. Ideal sind einzelne Bäume oder Baumgruppen, Windschutzhecken oder eine schon vorhandene Schutzhütte sowie eine Weidetränke.

Die Größe des Weidelandes ist in erster Linie von der Anzahl der Weidetiere abhängig. Für ein erwachsenes Großpferd liegt der Flächenbedarf bei 0,5 Hektar. Das ist aber nur eine Faustzahl, die je nach Rasse, Größe und Temperament, Alter, Geschlecht und Nutzung der Pferde mehr oder weniger stark schwankt. So brauchen temperamentvolle und lauffreudige Rassen mehr Platz als ruhige oder träge; junge Pferde benötigen mehr Lauffläche als ältere Tiere, große mehr als kleine Pferde und Hengste mehr als Stuten oder Wallache. Auch die Nutzung der Pferde spielt beim Flächenbedarf eine Rolle. Pferde, die täglich geritten oder anderweitig gearbeitet werden, kommen mit kleineren Flächen aus als Tiere, die auf der Weide ihren Bewegungsdrang befriedigen müssen. Prinzipiell muss die Fläche aber immer so bemessen sein, dass auch rangniedere Tiere nicht in Bedrängnis geraten.

Rasse, Alter, Nutzung und Futterverwertung müssen auch bei der Qualität der Weidepflanzen bedacht werden. Grundsätzlich haben Zucht- und Leistungspferde, Aufzuchttiere, alte Pferde und solche mit schlechter Futterverwertung einen höheren Energie- und Nährstoffbedarf als gar nicht oder wenig belastete Tiere, genügsame Rassen und Pferde mit einer guten Futterverwertung. Während die erstgenannte Gruppe eher auf Trift- oder Fettwiesen mit üppigem Bewuchs verbracht werden kann, ist die zweitgenannte Gruppe besser auf Magerwiesen mit kargem Bewuchs aufgehoben.

3 Weideland für das Pferd

Auf der Suche nach dem passenden Weideland muss der Pferdebesitzer in vielen Fällen von seiner Wunschvorstellung abweichen. In dicht besiedelten Gebieten kann er sich glücklich schätzen, wenn er überhaupt ein Stückchen Wiese für seine Pferde findet. Aber auch in ländlichen Gegenden ist es oft nicht einfach, an geeignetes Land zu kommen. In der Regel werden nur Flächen angeboten, die für Ackerbau, Rindviehhaltung oder Heuwerbung nicht viel oder gar nicht taugen. Kompromisse sind zulässig, solange sie der Gesundheit der Pferde nicht schaden.

Ideale Standorte und Bodenverhältnisse sind meist teurer, weil der Wirtschaftswert dieser Flächen höher ist. Nicht selten schnellen die Preise aber auch in die Höhe, wenn die Fläche als Pferdeweide genutzt werden soll. Bevor man also eine Fläche erwirbt oder pachtet, sollte man sich bei dem zuständigen Amt für Agrarordnung oder der Landwirtschaftskammer nach dem durchschnittlichen Kaufpreis beziehungsweise Pachtzins von Wirtschaftsgrünland erkundigen.

Landwirtschaftliche Behörden sind auch bei der Suche nach Pacht- oder Kaufflächen behilflich. Auch Gemeinde- und Städteverwaltungen besitzen Grünland, das sie turnusmäßig neu verpachten. Am besten ist es aber, wenn man die Landwirte direkt anspricht, Ortskundige (zum Beispiel Ortsvorsteher) befragt oder den Anzeigenteil landwirtschaftlicher Wochenblätter beziehungsweise regionaler Tageszeitungen studiert.

Vor dem Kauf oder der Pacht von Weideland sollte man auf jeden Fall bei der zuständigen Naturschutzbehörde nachfragen, ob die ausgewählte Fläche überhaupt als Pferdeweide genutzt werden darf beziehungsweise diese Nutzungsform erst genehmigt werden muss. Außerdem erfährt man hier, ob das betreffende Grundstück in einem Landschafts-, Natur- oder Wasserschutzgebiet liegt, in dem beispielsweise das Errichten einer Weidehütte oder eines imprägnierten Holzzauns nicht erlaubt ist. Auch landwirtschaftliche Förderungsprogramme wie zum Beispiel das Wiesenbrüterprogramm schränken die Nutzung des Grünlands ein.

In den seltensten Fällen wird man eine Weidefläche käuflich erwerben. Es sei denn, man hat ein landwirtschaftliches Gebäude mit dem dazugehörigen Grünland erworben. Der Kaufvertrag sollte auf jeden Fall notariell beurkundet und das Flurstück im Grundbuch eingetragen sein. Bedenken sollte man allerdings, dass man als Eigentümer von Weideland nicht automatisch dieselben Privilegien hat wie ein anerkannter Landwirt, der beispielsweise berechtigt ist, einen festen Unterstand auf seiner Weide zu errichten. In der Regel wird der Pferdebesitzer eine Weidefläche pachten. Pachtvereinbarungen haben zwar auch ohne Schriftform ihre Gültigkeit, sollten aber zur Regelung der Einzelheiten und bei längerfristiger Nutzungsabsicht (ein Jahr und länger) ebenfalls vertraglich fixiert werden. Entsprechende Vordrucke kann der Landwirt besorgen.

Inhalt Pachtvertrag:

- Name, Anschrift und Unterschrift beider Vertragspartner
- Gegenstand der Pacht (Größe, Zustand, Gemarkung, Flurstücknummer)
- Pachtdauer und Pachtverlängerung
- Nutzungsform und gegebenenfalls Nutzungseinschränkungen
- Regelung über eventuell erforderliche weidetechnische Einrichtungen (Zaun, Schutzhütte, Tränke) und Bepflanzungen
- Vereinbarung über Instandhaltung beziehungsweise Wiederherstellung der Grasnarbe oder Einrichtungen nach Pachtende (Istzustand protokollieren und fotografisch festhalten!)
- Höhe und Fälligkeit des Pachtzins (üblich ist eine jährliche Gebühr)
- Regelung der Nebenkosten (Grundsteuer, Flurbereinigung, Berufsgenossenschaft)

4 Weidepflanzen

Alles, was auf einer Wiese oder Weide wächst, wird als Grünland bezeichnet. Die Wiese ist eine nicht beweidbare oder nicht beweidete Grünlandfläche ohne Einfriedung, die Weide hingegen zum Abgrasen nutzbares oder genutztes eingezäuntes Grünland. Der Grünlandbewuchs besteht jedoch nicht nur aus Gräsern, sondern auch aus Leguminosen und Kräutern, die gemeinsam die Grünlandnarbe bilden. Hinzu kommen mancherorts Gehölze wie Bäume und Hekken als Wetterschutz. Alle Grünlandpflanzen können entweder nährstoffreich oder nährstoffarm, schmackhaft oder nicht schmackhaft beziehungsweise giftig sein. Die meisten Giftpflanzen finden sich unter den Kräutern. Aber auch einige Baum- und Heckenarten sind giftig.

Eine Pferdeweide sollte möglichst eine Vielzahl verschiedener schmackhafter, ungiftiger Grünlandpflanzen mit unterschiedlichem Nährstoffangebot aufweisen. Den Hauptbestandteil der Weidepflanzen sollten die Gräser mit etwa 70 Prozent stellen, gefolgt von Kräutern mit zirka 20 Prozent. Leguminosen oder Kleeartige dürfen maximal 10 Prozent der Weidepflanzen ausmachen. Auf ungedüngten so genannten Naturwiesen und extensiv genutzten Weiden ist die Anzahl der Kräuter generell höher als auf gedüngten, intensiv genutzten Weiden. Neben der Nutzung, Düngung und Pflege der Weide beeinflussen aber auch Standort, Bodentyp und Klima die Bestandszusammensetzung der Weidepflanzen.

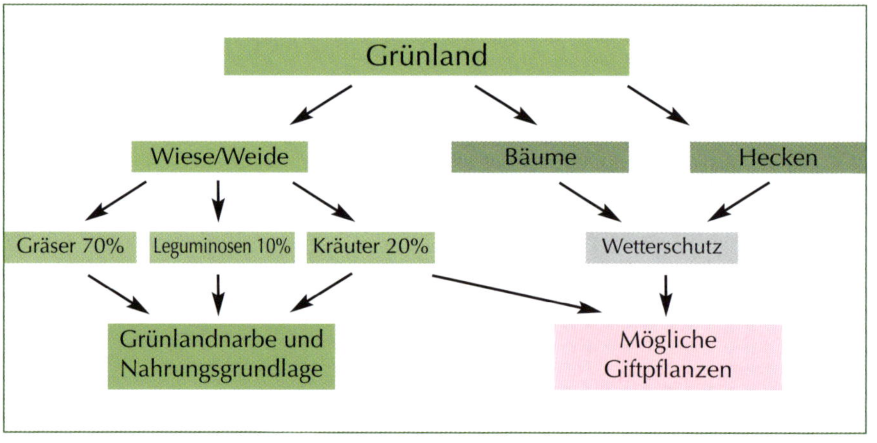

Gräser

Alle Grasarten, zu denen auch das Getreide zählt, sind einkeimblättrige Pflanzen. Sie werden in die Familien der Ried- oder Sauergräser und der Gräser oder Süßgräser unterteilt.

Zu den Sauergräsern gehören verschiedene Arten der Wollgräser, der Seggen und der Simsen, die an dauerhaft nassen Standorten wie Sümpfen, Mooren und Ufern wachsen. Die Stängel dieser Pflanzen sind jedoch kantig, ihre Blätter hart und sauer schmeckend, sodass sie von den Pferden verschmäht werden und deshalb als Weidepflanzen unerwünscht sind.

Zu der wesentlich größeren Familie der Süßgräser zählen Ährengräser, Ährenrispengräser und Rispengräser. Sie werden in Ober- und Untergras unterteilt.

Mit den kargen und den Pferden angemessenen Steppengräsern haben die heutigen Kulturgräser allerdings wenig gemeinsam. Während man vor rund 70 Jahren noch Grassorten wie Schafschwingel, Zittergras, Ruchgras und Trespen anbaute, die auch auf trockenen, weniger fruchtbaren und ungedüngten Böden wuchsen und durch ihren hohen Rohfasergehalt sowie geringen Zuckergehalt den Nahrungsansprüchen der damals sehr zahlreichen Pferde gerecht wurden, werden heute nur noch Gräser angesät, die sich durch Schnellwüchsigkeit, Tritt- und Verbissresistenz sowie Düngefreudigkeit und Standortunabhängigkeit auszeichnen.

Diese Grasarten, zu denen insbesondere Deutsches und Welsches Weidelgras, Wiesenlieschgras, Wiesenfuchsschwanz und Wiesenschwingel zählen, waren und sind jedoch vorwiegend für Weiden beziehungsweise die Futterherstellung von Hochleistungsrindern ausgerichtet, die der Milch- oder Fleischproduktion dienen und zudem als Wiederkäuer ein anderes Verdauungs- und Futterverwertungssystem besitzen als Pferde.

Während Pferde nach dem Zweiten Weltkrieg nahezu ausgestorben waren, standen nun in erster Linie Rinder auf den Weiden, die bis heute auf diese Tierart ausgelegt sind. So züchtete man über Jahrzehnte Grassorten, die besonders ertragreich sind und vor allem in Verbindung mit massiver, nicht bedarfsgerechter Düngung rohfaserarmes Gras hervorbringen, das Pferde aber nicht satt macht und zu Durchfällen und Koliken führen kann. Der hohe Zuckergehalt dieser Gräser, der sie vor Dürre und Frost schützt, die Silierbarkeit verbessert und als Energiereserve bei Schnitt oder Verbiss dient, kann von Pferden nur schwer abgebaut werden und zur Verfettung oder Hufrehe führen. Eine solche Zuckerart ist das Fruktan, ein Fruchtzucker, der vermehrt in der Graspflanze angereichert wird, wenn zu niedrige Temperaturen in Verbindung mit Sonnenlicht das Wachstum behindert („Frostschutzmittel") oder die Pflanze durch zu starkes Abgrasen oder zu kurzes Mähen unter Stress gerät. In beiden Fällen speichern die Gräser vermehrt Energie in Form von Fruktan, das nach neueren Erkenntnissen für viele Fälle der Grasrehe verantwortlich ist. Fruktan ist vor allem in Gräserarten vorhanden, die der Erzeugung von Silagen dienen, wobei insbesondere das Welsche und Deutsche Weidelgras je nach Jahreszeit (Frühjahr;

erster Aufwuchs), Tageszeit und Temperatur (Frost im Herbst) sehr hohe Fruktangehalte aufweisen.

Deshalb sollte der Anteil speziell von Weidelgräsern möglichst gering gehalten werden. Aber auch die anderen Leistungsfuttergräser bedürfen vor allem im ersten Aufwuchs einer begrenzten Futteraufnahme durch zeitliche oder örtliche Einschränkung (stundenweise Weidegang oder Portionierung). Rohfasermangel muss zudem immer durch die Vergabe von Rohfaser (Heu, Futterstroh) ausgeglichen werden.

Neben den genannten „Turbogräsern“ existieren noch rohfaserreichere und zuckerärmere Grasarten wie Gemeines Rispengras, Gemeines und Weißes Straußgras, Knaulgras, Kamm- und Ruchgras sowie Wiesenhafer, Rohrglanzgras, Goldhafer, Rotschwingel und Flughafer. Einige Gräser wie das Gemeine Borstgras, die Quecke oder das Wollige Honiggras sind hart, zäh und hölzern und werden von den Pferden gemieden.

Einige dieser Gräser wachsen jedoch nur auf bestimmten Böden, sind zum Teil nicht trittfest oder weniger schmackhaft als die hochgezüchteten Kulturgräser. Da Pferde aber nun mal instinktiv die schmackhaftesten und energiereichsten Gräser heraussuchen, werden insbesondere Wildgräser und die alten Sorten auf relativ kleinen oder unterteilten und von zahlreichen Pferden genutzten und gedüngten Flächen (= Intensivnutzung) von ihnen zertreten oder stehen gelassen. Einzig auf großen, nicht unterteilten und kaum oder gar nicht gedüngten Grünlandflächen, die nur von wenigen Tieren (zirka 1 Hektar pro Großpferd) beweidet werden (= Extensivnutzung), können weniger trittfeste, schmackhafte, energiehaltige sowie standortangepasste Grassorten dauerhaft existieren. Weil gerade aber diese Gräser zusammen mit einigen Kräutern den Nahrungsansprüchen der Pferde am zuträglichsten sind, sollte dort, wo genügend Fläche vorhanden ist, die Extensivnutzung immer vorgezogen werden.

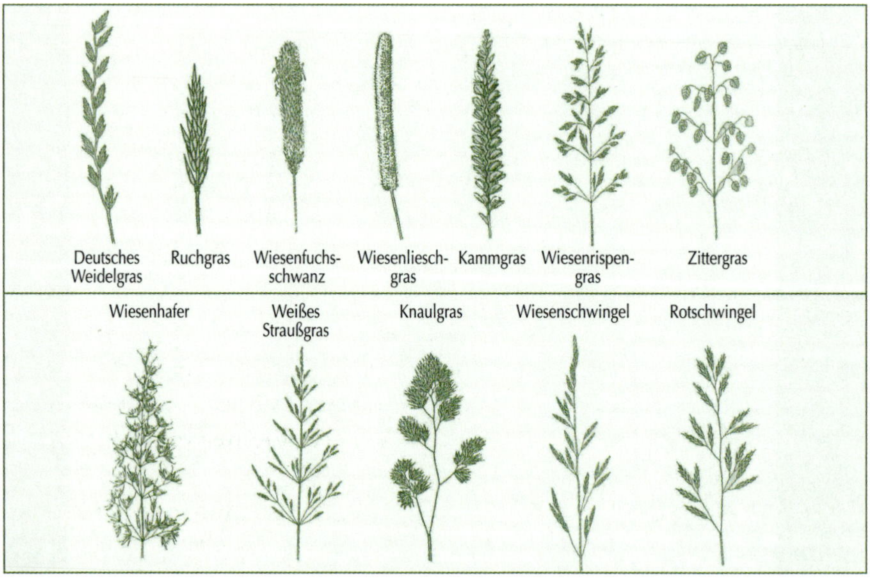

Tabelle 1: Gräser

Grasart	Narben-bildung	Bodenanspruch	Trittfestigkeit	Schmack-haftigkeit	Nährwert
Welsches Weidelgras	Obergras	feucht [1)]	gut	sehr gut	sehr hoch
Deutsches Weidelgras	Untergras	feucht [1)]	sehr gut	sehr gut	sehr hoch
Wiesenlieschgras	Obergras	mäßig feucht [1)]	gut	sehr gut	hoch
Wiesenrispengras	Untergras	mäßig feucht [1)]	gut	sehr gut	hoch
Wiesenschwingel	Obergras	mäßig feucht [1)]	mittel	sehr gut	hoch
Wiesenfuchsschwanz	Obergras	mäßig feucht [1)]	mittel	sehr gut	hoch
Knaulgras	Obergras	mäßig feucht [1)]	mittel	jung gut, verholzt später	hoch
Rotschwingel	Untergras	trocken, sandig	gut	gut	mittel
Weißes Straussgras	Untergras	feucht	gut	gut	mittel
Gemeines Straussgras	Untergras	trocken	gut	gut	mittel
Kammgras	Untergras	mäßig feucht	gut	gut	mittel
Gemeines Rispengras	Untergras	nass, feucht	mittel	mittel/rau	mittel
Ruchgras	Untergras	mäßig feucht/trocken	gut	jung gut, später strohig	gering
Glatthafer	Obergras	trocken	mittel	mittel, nach Blüte grob und hart	hoch
Rohrglanzgras	Obergras	nass, feucht	mittel	jung gut, später rau	mittel
Goldhafer	Obergras	mäßig feucht/trocken	mittel	gut	hoch
Schilfrohr	Horste [2)]	nass, sumpfig	-	rau, hart	gering
Schafschwingel	Untergras	trocken	mittel	mittel	gering
Zittergras	Untergras	mäßig feucht/trocken	gut	gut, zart	gering
Aufrechte Trespe	Obergras	trocken, kalkig	mittel	mittel/rau	mittel
Gemeines Borstgras	Untergras	unfruchtbare Sumpf- und Heideböden	gut	jung mittel, später sehr zäh	gering
Quecke	Obergras	mäßig feucht/trocken	mittel	schlecht, raue Grannen	gering
Wolliges Honiggras	Obergras	mäßig feucht/trocken	mittel	haarige Blätter, schwammig, schlecht verdaulich	gering

1) In vielen standortangepassten Sorten; fehlende Bodenfeuchte kann durch Dünger ausgeglichen werden
2) Horste = Strauchwerk

Leguminosen

Die Leguminosen oder Kleeartigen sind zweikeimblättrige Weidepflanzen und gehören zur Familie der Schmetterlingsblütler, zu denen auch alle Hülsenfrüchte zählen. Diese Pflanzen sind im Unterschied zu anderen Weidepflanzen in der Lage, Stickstoff aus der Luft mittels so genannter Knöllchenbakterien in ihren Wurzeln zu speichern und umzusetzen. Sie sind deshalb auf zusätzliche Stickstoffgaben nicht nur nicht angewiesen, sondern werden durch solche (zum Beispiel stickstoffhaltige Düngemittel) sogar erstickt und verdrängt.

Leguminosen sind zwar reich an Calcium, Magnesium sowie Natrium, besitzen jedoch einen hohen Eiweißgehalt, der insbesondere bei leichtfuttrigen Pferden und bei übermäßigem Verzehr zu Verdauungsstörungen und Reheschüben führen kann.

Auf der Pferdeweide kommt hauptsächlich der Weißklee vor. Er ist äußerst tritt- und bissfest und vermehrt sich durch lange, kriechende Wurzelausläufer („Kriechklee") meist flächig. Da Weißklee außerdem lichthungrig ist, verbreitet er sich vor allem auf zu kurz abgefressenen, überweideten oder abgemähten Flächen massenhaft und wird zum Ärgernis. Der vorwiegend auf Heuwiesen und Mähweiden wachsende Rot- oder Wiesenklee dagegen ist empfindlich gegen Biss und wird durch Beweidung reduziert.

Andere Kleearten spielen auf der Pferdeweide nur eine untergeordnete Rolle, weil sie entweder trittempfindlich sind wie der Schwedenklee oder nur auf eher trockenen, kalkhaltigen Böden gedeihen können wie die rosarot blühende Esparsette, der kleine Zwerg- oder Gelbklee, der gelbrot blühende Horn- oder Schotenklee sowie der goldgelb blühende Hufeisenklee. Einzig die violett blühende Vogelwicke ist öfter auf Pferdeweiden zu finden, da ihr Tritt nichts ausmacht.

Zu den Leguminosen gehört ferner die blau blühende und hochwachsende Luzerne oder Blauer Klee, der jedoch zum einen wegen seines extrem hohen Eiweißgehaltes und zum anderen aufgrund seiner fotosensibilisierenden Wirkung (Sonnenbrandgefahr umpigmentierter Körperstellen des Pferdes!) auf der Pferdeweide nicht angesiedelt werden sollte.

Kräuter

Auch die meisten Kräuter sind Vertreter der zweikeimblättrigen Weidepflanzen, gehören jedoch verschiedenen Familien an. Der überwiegende Teil der Kräuter stammt aus den Familien der Korbblütler und der Doldengewächse.

Kräuter beinhalten vor allem viele Mineralstoffe und Spurenelemente, die den Stoffwechsel der Pferde anregen. Durch ihre aromatischen Gewürzstoffe verbessern sie zudem den Geschmack. Überdies besitzen einige Kräuter ätherische Öle, die verdauungsfördernd wirken.

Bei der Ansiedlung von Kräutern sollte man jedoch unbedingt darauf achten, dass Arten ausgewählt werden, die schmackhaft, tritt- und bissfest sind, genügend Nährstoffe aufweisen und dem jeweiligen Standort und Bodentyp angepasst sind. Unerwünscht sind Kräuter, die sich zu stark vermehren und andere Weidepflanzen verdrängen, sowie jene, die nicht gefressen werden oder wenig Nährwert haben, aber viel Raum einnehmen. Diese Kräuter werden dann zu „Unkräutern“ und müssen beseitigt werden, wenn sie überhand nehmen. Entfernt werden müssen selbstverständlich auch alle giftigen Kräuter.

Tabelle 2: Kräuter

Erwünschte Kräuter		
standortunabhängig	**standortabhängig**	**tritt- und bissempfindlich**
Schafgarbe, Spitzwegerich, Wiesenkümmel, Vogelknöterich, Wiesenfrauenmantel, Kleine Bibernelle, Großer Wiesenknopf, Gänsefingerkraut, Wiesenlabkraut, Wegwarte	Kamille, Fenchel, Petersilie, Ringelblume, Kohldistel, Kleiner Wiesenknopf	Pastinak, Wilde Möhre

In Maßen akzeptierte Kräuter
Löwenzahn, Wiesenkerbel

Unerwünschte Kräuter	
stark ausbreitend, nicht schmackhaft	**ausbreitend, wenig Nährwert, kaum schmackhaft**
Sauerampfer, Brennnessel (wird nur getrocknet gefressen), Distel, Vogelmiere, Breitwegerich, Mädesüß, Ehrenpreis, Bärenklau (wird nur als junger Trieb gefressen, fotosensibilisierend!)	Gänseblümchen, Wucherblume, Klettenlabkraut

Einzelne Apfelbäume bereichern den Speiseplan.

Bäume und Hecken

Bäume und Hecken sind auf Pferdeweiden in vielerlei Hinsicht sinnvoll. Denn sie spenden Schatten, bieten Schutz vor schlechter Witterung sowie starkem Wind und sind außerdem eine ökologische Bereicherung, weil sie für zahlreiche Vogelarten, Kleinstlebewesen und nützliche Insekten einen wichtigen Lebensraum darstellen.

Verwendet werden sollten allerdings ausschließlich einheimische, robuste sowie regional angepasste und zulässige Arten, die für Pferde geeignet und ungiftig (!) sind. Für Pferde eignen sich besonders hochstämmige und breitkronige Baumarten wie Hainbuche, Ulme, Linde, Platane und Esche. Obstbäume können in der Erntezeit durch die übermäßige Aufnahme von Fallobst und drohende Wespen- oder Hornissenstiche im Maul-Rachen-Bereich (Erstickungsgefahr) zum Problem werden. Zudem droht bei unverhältnismäßig hohem Verzehr von blausäurehaltigen Pflaumen- und Kirschkernen Vergiftungsgefahr. Während einzelne Obstbäume, insbesondere Apfel- und Birnenbäume, durchaus zuträglich sind und eine willkommene Abwechslung auf dem Speisezettel darstellen, sind reine Streuobstwiesen für Pferde nicht geeignet.

Für Pferde geeignete Hecken sind beispielsweise Schlehe, Weiß- und Schwarzdorn, Haselnuss, Kornel- und Rote Heckenkirsche, Wildapfel und Wildbirne, Schwarzer Holunder, Weide- und

Wildrosenarten, Sanddorn und Gemeiner Kreuzdorn, Roter Hartriegel, Gemeiner und Wolliger Schneeball sowie Wilde Himbeere und Brombeere.

Die beste Pflanzzeit für Bäume und Hecken sind der Oktober oder der März. Hecken werden ein- oder zweireihig entlang der Weide, Bäume einzeln oder in kleinen Gruppen auf der Weide gepflanzt.

Junge Bäume und Hecken müssen aber zunächst außerhalb der Reichweite der Pferde wachsen können und vor dem Verbiss mit einer vorübergehenden Abzäunung bewahrt werden. Erst wenn die Pflanzen größer geworden und kräftig genug sind, dürfen die Pferde auch mal an Blättern, Zweigen mit Knospen und jungen Trieben knabbern, die viele Mengen- und Spurenelemente enthalten. Als alleinige Einzäunung müssen Hecken jedoch eine Mindesthöhe von 1,50 Meter und eine Mindestbreite von 60 Zentimeter aufweisen. Dornengewächse sollten jedoch wegen einer möglichen Verletzungsgefahr der Pferdeaugen prinzipiell abgezäunt werden. Elektrolitze sollte man hierfür jedoch nicht verwenden, da sich die dornigen Ästchen leicht in den Bändern verfangen können und die Stromführung beeinträchtigen.

Bäume und Hecken müssen zudem regelmäßig beschnitten beziehungsweise gestutzt werden. Diese Pflegemaßnahmen sollte man in den Monaten März und Oktober, also vor beziehungsweise nach Blüte-, Ernte- und Brutzeiten, durchführen. Hecken werden hierzu an der der Weide abgewandten Seite zurückgeschnitten, damit sie dichter wachsen können. Abgestorbene oder niedrig hängende Äste muss man absägen, weil sie für Pferde zur Gefahr werden, wenn sie dagegen laufen oder sich an ihnen wund scheuern.

Hecken werden entlang des Weidezauns gepflanzt.

Bevor man Gehölze pflanzt, sollte man sich unbedingt bei der zuständigen Stadt- oder Gemeindeverwaltung über den einzuhaltenden Abstand zum Nachbargrundstück erkundigen. Außerdem ist es für den in der Regel unkundigen Pferdehalter ratsam, Informationen zur Pflanztechnik und Pflege von Gehölzen beim Fachmann (Förster, Baumschule, Landschaftsgärtner) einzuholen, um Fehler zu vermeiden.

Junge Hölzer richtig pflegen

Frisch gepflanzte Bäume und Hecken müssen regelmäßig gewässert und mit Kompost gedüngt werden. Grasschnitt, Torf oder Mulch, den man um die Wurzeln legt, schützt die jungen Gehölze vor Verunkrautung.

Fingerhut wächst an Waldrändern.

Giftpflanzen

Es gibt eine Vielzahl für Pferde giftiger Kräuter, Sträucher, Hecken und Bäume.

Das auf vor allem pferdemüden Weiden am häufigsten vorkommende Giftkraut ist der Scharfe Hahnenfuß (Butterblume), der jedoch wegen seines scharfen Geschmacks von den Pferden in der Regel gemieden wird. Die meisten anderen giftigen Kräuter bevorzugen Standorte wie Sumpfwiesen, Waldränder oder Brachflächen, die ohnehin als Pferdeweiden ungeeignet sind.

Aber auch auf Pferdeweiden, die an Gärten oder Parks grenzen, besteht Gefahr durch giftige Sträucher, Hecke oder Bäume.

Während viele Giftpflanzen erst in größeren Mengen zu Vergiftungserscheinungen führen, genügen bei anderen schon wenige Gramm, die zum Tode führen. Das Gift einiger Kräuter bleibt sogar in Silage oder Heu erhalten.

Die Wirkungsweise von Pflanzengiften beim Pferd sind sehr unterschiedlich und reichen von Benommenheit, Übererregbarkeit, Unruhe, Speichelfluss, blutigem Durchfall und Kolik, Muskelzucken bis hin zu Bewegungsstörungen wie Torkeln oder Wanken, die aber auch auf andere Krankheiten wie Borna, Tollwut oder spinale Ataxie hindeuten können. Auch Folgewirkungen wie Leberschäden oder Hufrehe sind möglich. Da also die Symptome nicht eindeutig auf eine Pflanzenvergiftung hinweisen, ist eine Diagnose meist schwierig.

Die meisten Pferde meiden Giftpflanzen instinktiv. Doch vor allem junge und neugierige, gelangweilte oder hungrige Pferde auf abgegrasten Weiden sowie Pferde, die gierig alles fressen, was grün ist, sind gefährdet.

In Tabelle 3 werden die häufigsten für Pferde giftigen Pflanzen aufgeführt. Die Tabelle erhebt jedoch keinen Anspruch auf Vollständigkeit, weshalb man im Zweifelsfall immer einen Fachmann (Förster, Landwirt, Pflanzenkundler) oder ein Fachbuch (Pflanzenbestimmungsbuch) zurate ziehen sollte.

Die Eibe ist leicht mit anderen Nadelbäumen zu verwechseln.

Giftpflanzen wie die Lupine können vor allem Fohlen zum Verhängnis werden.

Tabelle 3: Giftpflanzen

Name	Vorkommen	Giftgrad + bis +++	tödliche Dosis
Scharfer Hahnenfuß	frische/feuchte Wiesen	+	nicht bekannt
Herbstzeitlose	frische Wiesen	+++	1 Milligramm pro Kilogramm Körpergewicht
Lupine	frische Wiesen	+ bis ++	nicht bekannt
Rittersporn	frische Wiesen	+ bis +++	nicht bekannt
Eisenhut	Gebüsch im Bergland	+++	200–400 Gramm
Jacobskreuzkraut	alle Wiesenstandorte	+++	4–8 Prozent des Körpergewichts
Gundelrebe	frische Wiesen	+++	nicht bekannt
Gefleckter Schierling	Feuchtwiesen/Ufer	+++	3–5 Kilogramm
Arnika	magere Berg- und Moorwiesen	+	nicht bekannt
Sumpfdotterblume	Feuchtwiesen/Bachränder	+ bis ++	nicht bekannt
Fingerhut	Wald/Waldrand	+++	100–200 Gramm
Adlerfarn	Waldrand/Lichtungen	+++	2–3 Kilogramm pro Tag über vier Wochen
Wurmfarn	Waldrand/Lichtungen	+	nicht bekannt
Johanniskraut	trockene Wiesen	+ bis ++	nicht bekannt
Goldregen	Zierstrauch	+++	0,5 Gramm Samen pro Kilogramm Körpergewicht
Tollkirsche	Zierpflanze	+++	180 Gramm Wurzel/ 125 Gramm Samen
Oleander	Zierstrauch	+++	20–60 Blätter
Wolfsmilchgewächse	Zierpflanze	+ bis ++	nicht bekannt
Stechapfel	Zierpflanze	+++	nicht bekannt
Weiße Robinie/ Falsche Akazie	Laubbaum	++	150 Gramm Rinde
Lebensbaum	immergrüne Heckenpflanze	+++	nicht bekannt
Buchsbaum	immergrüne Heckenpflanze	++	750 Gramm Blätter
Eibe	immergrüner Nadelbaum/ Zierhecke, Waldrand	++	100–200 Nadeln
Liguster	Zierstrauch/lichte Wälder	+	100–150 Gramm
Rhododendron	immergrüne Büsche oder Bäume/Zierpflanze	+ bis ++	nicht bekannt
Kirschlorbeer	immergrüne Zierhecke	++	400 Gramm Blätter

\+ = schwach giftig/giftig
++ = stark giftig
+++ = sehr stark giftig

Weidepflege

5

Unter Weidepflege versteht man eine Reihe von Maßnahmen, die darauf abzielen, die Bodenstrukturen zu erhalten beziehungsweise zu erneuern, Boden und Weidepflanzen mit Nährstoffen zu versorgen, Unkräuter zu bekämpfen beziehungsweise zu vermeiden und die Ausbreitung von Parasiten zu verhindern. Diese Maßnahmen umfassen An- und Nachsaat, mechanische Pflege, Eindämmung und Beseitigung unerwünschter Weidepflanzen sowie bedarfsgerechte Düngung.

Weiden, die von einem großen Bestand intensiv genutzt werden, bedürfen prinzipiell mehr Pflege als Extensivweiden mit geringer Bestandsdichte.

Die wenigsten Pferdehalter verfügen über einen Fuhrpark mit Traktor und entsprechenden Gerätschaften. Kleinstflächen (bis maximal 0,5 Hektar) lassen sich noch mit der Hand bearbeiten. Größere Flächen sind jedoch nur maschinell zu bewirtschaften. Hierfür muss man einen Landwirt oder ein Lohnunternehmen engagieren. Für eine Maschinenstunde (mit Fahrer) muss mit etwa 50 Euro gerechnet werden. Hinzu kommen Kosten für Saatgut, Düngemittel und gegebenenfalls Herbizide.

Geeignetes Saatgut

Die Auswahl des Saatgutes hängt von folgenden Kriterien ab:

- Bodentyp
- geographische Lage
- Klimaverhältnisse
- Nutzungsform

Die Saatgutmischung sollte den regionalen Besonderheiten angepasst sein. Für moorige und feuchte Standorte eignen sich Deutsches Weidelgras und Wiesenlieschgras, weil diese Arten besonders nässeverträglich sind. Sehr trockenheitstolerant sind dagegen Rotschwingel und Knaulgras, die beide außerdem als sehr winterfest gelten und deshalb auch für Mittelgebirgs- und Höhenlagen geeignet sind. Auch die beabsichtigte Nutzung des Grünlands ist von Bedeutung. Bei hauptsächlicher und intensiver Beweidung sollten die trittfesteren Untergräser (Weidelgras, Wiesenrispe, Rotschwingel, Kammgras, Straußgras, Wiesenrispe und andere) überwiegen, während auf einer Mähweide oder Heuwiese die langstieligen Obergräser (Knaulgras, Wiesenfuchsschwanz, Wiesenlieschgras, Wiesenschwingel, Glatthafer und andere) dominieren sollten. Bei einer extensiven Weidenutzung sollte die

Zusammensetzung von Unter- und Obergräsern ausgewogen sein.

Einige der im Landhandel erhältlichen Standardmischungen für Pferdeweiden enthalten einen hohen Anteil von Deutschem Weidelgras (40 Prozent und mehr), was aber wegen des erhöhten Fruktangehalts besonders für leichtfuttrige und rehegefährdete Pferde bedenklich ist. Der Anteil an Weidelgräsern sollte deshalb für die Risikogruppen durch andere Untergräser ersetzt werden. Auch auf einen Anteil an eiweißreichem Weißklee sollte aufgrund seiner rasanten Verbreitung im Laufe der Zeit verzichtet werden.

Tabelle 4: Gräsermischungen

Gräserarten	Standardmischung G1	Standardmischung G2	Knaulgrasmischung	Wiesenschwingelmischung	DSV 2117	DSV 2118	DSV 2119
Deutsches Weidelgras	10 %	44 %	–	–	50 %	80 %	32 %
Wiesenschwingel	44 %	20 %	–	32 %	–	–	40 %
Wiesenlieschgras	40 %	30 %	17 %	17 %	20 %	20 %	10 %
Wiesenrispe	3 %	4 %	10 %	11 %	20 %	–	8 %
Rotschwingel	3 %	3 %	23 %	17 %	10 %	–	5 %
Knaulgras	–	–	40 %	–	–	–	–
Wiesenfuchsschwanz	–	–	–	9 %	–	–	–
Weißes Straußgras	–	–	–	3 %	–	–	–
Glatthafer	–	–	–	–	–	–	5 %
Weißklee	–	–	10 %	11 %	–	–	–

Weniger riskante Gräsersorten findet man in den Standardmischungen nur in geringen Anteilen oder vergeblich. Deshalb ist es nicht immer günstig, auf eine solche Saatgutmischung zurückzugreifen, sondern man lässt sich gegebenenfalls eine geeignete Mischung individuell zusammenstellen.

Wiesenkräuter sind dagegen für Pferde sehr gesund und als Kräutermischungen im Landhandel beziehungsweise bei Spezialfirmen erhältlich. Sie werden mit einer Saatstärke von 1 bis 2 Kilogramm pro Hektar zusätzlich zur An- und Nachsaat ausgebracht.

Kräuter bereichern die Pferdeweide.

Tabelle 5: Beispiel Kräutermischung

COUNTRY 2122 Kräutermenü [1)]

Kräuterart	Wirkung/Inhalt	Anteil
Gemeines Labkraut	gut gegen Nierenleiden	2 %
Wilde Möhre	verbessert das Allgemeinbefinden	2 %
Gemeine Schafgarbe	vielseitig verwendbar, knochenstärkend, fördert die Fruchtbarkeit	10 %
Gemeine Pastinake	verbessert die Schmackhaftigkeit	10 %
Petersilie	gut für die Harnwege	10 %
Spitzwegerich	verbessert die Atmung, wirkt lindernd bei Reizung der Atemwege	10 %
Wegwarte	sorgt für gute Verdauung	10 %
Kümmel	wirksam bei Magen- und Darmproblemen	15 %
Gemeiner Fenchel	verbessert die Futteraufnahme, behebt Magenprobleme	15 %
Bibernelle	enthält wertvolle Aromastoffe, erhöht die Futteraufnahme	16 %

[1)] Deutsche Saatveredelung, Lippstadt

Während man für die Neuansaat zirka 30 Kilogramm pro Hektar Gräsermischung benötigt, reichen für die Nachsaat etwa 20 Kilogramm pro Hektar aus. Bei mehrmaliger Übersaat genügen 5 bis 7 Kilogramm pro Hektar. 30 Kilogramm Saatgut kosten zurzeit zwischen 60 und 80 Euro.

Neueinsaat

Eine Ansaat ist erforderlich, wenn man eine ehemalige Acker- oder Brachfläche neu anlegen will oder die Weidefläche in großen Teilen verunkrautet beziehungsweise die Grasnarbe durch Trittschäden extrem zerstört ist.

Kein Abbrennen von Weidepflanzen!

Das Niederbrennen von Altgras, Unkräutern oder Gestrüpp ist sinnlos, weil hierdurch nur flachwurzelnde meist nützliche Gräser und Kräuter zerstört werden, während tiefwurzelnde Unkräuter wie der Sauerampfer überleben. Auch aus ökologischer Sicht ist das Abbrennen strikt abzulehnen, weil zahlreiche Kleinstlebewesen (Bodenbrüter, Kröten, Schleichen, Nutzinsekten, Igel) hier ihren Lebensraum haben.

Für die mechanische Grünlanderneuerung wird die Grasnarbe zunächst mit einer Fräse oder einer Scheibenegge bearbeitet, bevor sie mit dem Wiesenpflug umgebrochen wird. Bei sehr hartnäckigen Unkräutern kann vor der Ansaat die Anwendung eines Totalherbizides (etwa 14 Tage zuvor) erforderlich sein. Die Ansaat selbst erfolgt mithilfe einer Drillmaschine. Eine flache und enge Drillsaat sowie ein kreuzweises Einsäen mit jeweils halber Saatmenge sorgen für einen gleichmäßigen und zügigen Narbenschluss. Walzen kann sowohl vor als auch nach der Saat notwendig sein. Das Anwalzen nach der Ansaat sorgt für einen guten Bodenkontakt. Auf nicht pflugfähigen Bodentypen wie steinigen oder moorigen Böden muss eine umbruchlose Gründlanderneuerung erfolgen. Hierzu wird der alte oder restliche Grünlandbestand bei einer Wuchshöhe von etwa 15 Zentimeter mit einem Totalherbizid abgespritzt, bevor mit einer Spezialmaschine eine Durchsaat erfolgt.

Neuansaaten sollten entweder im Frühjahr bis Mitte Mai oder im Spätsommer bis Ende August erfolgen. Während die Ansaat im Frühjahr durch die Bodenfeuchte Keimung und Wachstum des Saatgutes beschleunigt, ist im Spätsommer der Konkurrenzdruck möglicher Samenunkräuter wesentlich geringer. Neuansaaten sollten bei einer Wuchshöhe von zirka 15 bis 20 Zentimeter erstmals geschröpft werden, um den Unkrautdruck zu mindern und die Bestockung der Gräser zu forcieren. Das Schröpfen geschieht entweder durch nicht zu kurzes Mähen oder durch kurzfristiges Anweiden am besten mit Rindern, da Pferde zum einen die noch instabile Grasnarbe gefährden, nicht gleichmäßig abgrasen und zum anderen das sehr rohfaserarme und energiereiche Gras zu gesundheitlichen Problemen führen

Ist die Grasnarbe völlig zertreten, muss eine Neueinsaat erfolgen.

könnte. Aus diesem Grund darf auch die Mahd nicht an die Pferde verfüttert werden. Die erste Beweidung sollte erst beim zweiten Aufwuchs (zirka 15 Zentimeter Wuchshöhe), bei einer Ansaat im Herbst des darauf folgenden Frühjahres erfolgen.

Nachsaat

Die Nachsaat wird auf die bestehende Grasnarbe aufgebracht und hat den Zweck, lückenhafte Narben zu schließen und das Einwandern unerwünschter Weidepflanzen zu verhindern.

Bei der Nachsaat unterscheidet man zwei Techniken:

- Die ***Übersaat*** ist eine erhaltende und vorbeugende Maßnahme, bei der Kahlfraß- beziehungsweise Geilstellen mit der Hand (eventuell in Verbindung mit Mineraldünger) eingesät werden.
- Die ***Durchsaat*** dagegen erfolgt mit Spezialmaschinen (Schlitz-, Scheiben-, Fräsgeräte), die Rillen in den Boden ritzen, in die das Saatgut gestreut wird. Nachlaufende kleine Walzen sorgen für einen guten Bodenschluss. Auch der Einsatz von so genannten Schneckenkornstreuern, die auf Pflegegeräte wie zum Beispiel Wiesenstriegel aufgesetzt werden, ist möglich.

Für die Durchsaat hat sich ebenfalls das Frühjahr (März bis Mai) und der Spätsommer (Juli bis September) bewährt. Die Altnarbe sollte für die Durchsaat möglichst kurz sein, damit die jungen Pflanzen ausreichend Raum zum Wachsen haben. Die Übersaat kann mehrfach jährlich bei Bedarf (zum Beispiel bei Weidewechsel) durchgeführt werden. Eine Nutzung durch die Pferde kann nach etwa vier Wochen geschehen.

Maulwurfshügel müssen eingeebnet werden.

Mechanische Pflegemaßnahmen

Zu diesen Arbeiten zählen sowohl strukturverbessernde Maßnahmen als auch Maßnahmen zur Säuberung und Reinhaltung schon bestehender Weideflächen. Hinzu kommen Drainagearbeiten zur Trockenlegung staunasser Standorte.

Schleppen, Eggen, Walzen

Sobald der Boden im März/April genügend abgetrocknet ist und das Gras noch nicht treibt, sollte die Weide mit einer Wiesenschleppe oder einer umgedrehten Wiesenegge (die Zinken zeigen nach oben) „gebürstet" werden. Durch das Abschleppen werden

- Trittschäden und Maulwurfshügel eingeebnet. Das Glätten von Maulwurfshügeln ist vor allem bei einer späteren Schnittnutzung (Mähweide, Heuwiese) wichtig, damit Grasschnitt, Silage oder Heu nicht mit Erdklumpen und Keimen verunreinigt werden.
- Auch eventuell zuvor ausgebrachter Kompostdünger wird durch die Wiesenschleppe gleichmäßig verteilt.
- Nicht zuletzt werden abgestorbene Gräser sowie oberflächlich wurzelnde Unkräuter durch das Abschleppen entfernt und können sich nicht mehr vermehren.

Während man beim Abschleppen nicht umhin kommt, vereinzelt liegende Pferdeäpfel mit zu verteilen, dürfen ausgeprägte Geilstellen mit einer Vielzahl abgesetzter Haufen jedoch keinesfalls verteilt werden, da sie sich sonst weiter ausbreiten und die Infektionsgefahr der Pferde durch Wurmlarven zunimmt.

Abschleppen kann man die Weiden auch nochmals im Herbst (Oktober), um Unebenheiten und eventuell vorhandene Trittschäden auszugleichen, bevor die Winterfröste einsetzen.

So hat man auch bei gelegentlich winterlicher Nutzung keine Stolperfallen, wenn der Boden gefroren ist. Abgeteilte, für die Winterhaltung vorgesehene Weidestücke können auch bei angetautem Boden (damit der Traktor keine tieferen Reifenspuren hinterlässt) zwischendurch mit der Schleppe geglättet werden.

Das Eggen ist bei verdichteten und verfilzten Böden erforderlich, insbesondere bei einer verkrusteten, ausgedörrten oder mit Moos durchsetzten Bodenstruktur.

Durch das Anritzen mit einer nicht zu schweren Wiesenegge wird die Grasnarbe durchlüftet, sodass wieder ausreichend Luft und Wasser an die Wurzeln gelangen kann. Auch das Eggen sollte im zeitigen Frühjahr durchgeführt werden.

Das Walzen ist hingegen auf sehr lockeren Böden (Moor, Anmoor, Humus) angezeigt, also dort, wo Schleppen oder Eggen der Grasnarbe schaden würde. Durch das Walzen werden aufgefrorene Pflanzenteile („Frostbeulen“) an den Boden zurückgedrückt und die Wurzeln so wieder mit der Erde verbunden. Auch große Steine werden ins Erdreich gepresst, damit diese bei Schnittnutzung nicht die Schneidemesser des Mähwerks beschädigen beziehungsweise die Pferde nicht darauf treten und sich verletzen können (Steingallen).

Zum Walzen benützt man schwere Glattwalzen, die mit geringer Geschwindigkeit (Kriechgang < 4 Stundekilometer) über die Weide gezogen werden. Gewalzt wird ebenfalls im zeitigen Frühjahr, wenn nicht mehr mit Nachtfrösten zu rechnen ist. Auch einige Unkräuter reagieren sehr empfindlich auf Druck und verschwinden durch das Walzen. Jedoch kann diese Form der Unkrautbeseitigung erst mit Beginn der Blütezeit erfolgen, was jedoch sowohl den Aufwuchs erwünschter Gräser und Kräuter beeinträchtigt als auch am Boden brütende Vögel und Kleinstlebewesen gefährdet. Deshalb sollte spätestens ab Ende April nicht mehr gewalzt werden.

Alle drei Pflegemaßnahmen, also das Schleppen, Eggen und Walzen, können zusammen mit einer Nachsaat und möglichen Düngegaben geschehen.

Durch das Abschleppen werden Trittschäden geglättet.

Moosige Böden müssen geeggt werden.

Überständige Gräser und Kräuter müssen abgemäht werden.

Reinigungsschnitt und Weidehygiene

Da Pferde die Weide selektiv abgrasen, bleiben immer einige Gräser und Unkräuter stehen, die mindestens zweimal während der Vegetationsperiode (zum Beispiel Juni und Oktober) nicht zu kurz (maximal bis zu 5 Zentimeter) abgemäht werden sollten. Bei starkem Distelbesatz sollte mindestens viermal nachgemäht werden. Insbesondere an den Geilstellen wuchern durch die Düngewirkung der Pferdeäpfel viele verschmähte Gräser und Kräuter, die sich ohne einen Säuberungsschnitt heillos vermehren würden.

Da die Weide nach dem Mähen eine Nutzungspause von zwei bis drei Wochen benötigt, um wieder homogen nachwachsen zu können, empfiehlt es sich, den Reinigungsschnitt bei Weidewechsel durchzuführen. Standweiden können regelmäßig abschnittsweise abgemäht werden. Während die Mahd auf den weitgehend abgegrasten Stellen liegen bleiben und austrocknen kann, sollte sie an den Geilstellen weggeräumt werden, damit sich die Unkrautsamen nicht verbreiten. Ist das Abgemähte dungfrei, kann man es Schafen, Ziegen oder Rindern als Futter vorlegen. An Pferden darf man das gegebenenfalls mit Parasiteneiern kontaminierte Schnittgut aber auf keinen Fall verfüttern.

Um eine Ausbreitung von Endoparasiten (Würmer) und Ektoparasiten (vor allem Fliegen) einzudämmen, ist eine regelmäßig praktizierte Weidehygiene zur Gesunderhaltung der Pferde erforderlich. Die beste Lösung ist das arbeits- und zeitaufwendige Absammeln der Pferdeäpfel. Auf kleinen und intensiv genutzten Weideflächen sollten die Kothaufen möglichst täglich, mindestens aber einbis zweimal wöchentlich und spätestens bei einem Weidewechsel mittels einer engzinkigen Mistgabel oder einem Stallboy und Schubkarre oder Frontschaufel am Traktor entfernt werden.

Mittlerweile bietet der Markt auch spezielle Geräte zum Abmähen von Geilstellen an, die gleichzeitig die Pferdeäpfel aufsammeln und die verkotete Mahd in einem Behälter auffangen. Auch überdimensionale Staubsauger für Pferdeäpfel werden im Handel angeboten. Solche Geräte sind aber relativ teuer, sodass sich die Anschaffung wohl nur bei großen Weideflächen und vielen Pferden rentiert. Alternativ zum Abtragen der Kothaufen können die Geilstellen auch gemulcht, das heißt klein gehäckselt, und anschließend mit im Landhandel erhältlicher so genannter Rotteförderung (10 Gramm Rotteförderung reichen für 100 Quadratmeter; 125 Gramm kosten 10 Euro) hygienisiert werden. Diese Methode ist insbesondere im Herbst geeignet, weil der Pferdemist dann über den Winter vollständig verrottet.

Auch bestimmte Düngemittel wie der Kalkstickstoff vernichten Eier und Larven von Würmern.

Zur Reinhaltung beziehungsweise Säuberung der Pferdeweide ist außerdem eine Misch- oder Wechselbeweidung mit Rindern oder Schafen sinnvoll. Denn diese Wiederkäuer fressen auch die von den Pferden verschmähten Weidepflanzen auf den Geilstellen, was sowohl die Unkräuter in Schach hält als auch die Vermehrung von Würmern eingrenzt. Das ist möglich, weil Pferde und Wiederkäuer gegen die jeweils anderen artspezifischen Wurmarten immun sind. Voraussetzung hierfür ist allerdings, dass alle Weidetiere regelmäßig und konsequent entwurmt werden.

Pferde richtig entwurmen

Weidepferde müssen mindestens dreimal während der Weidesaison (März/April, Juni/Juli und Oktober/Novekber) entwurmt werden. Entfernt man die Pferdeäpfel nicht, sollte man alle sechs bis acht Wochen Wurmpasten verabreichen. Wichtig beim Entwurmen ist, dass der ganze Pferdebestand **gleichzeitig** und möglichst bei einem Umtrieb mit häufig wechselnden Wirkstoffen (verschiedene Präparate) behandelt wird, um mögliche Resistenzen zu vermeiden.

Drainagemaßnahmen

Die Trockenlegung dauerhaft nasser Standorte sollte man sich gut überlegen. Denn zum einen ist es sehr mühsam und langwierig, bis eine solche Feuchtwiese kultiviert und für Pferde nutzbar ist. Neben der eigentlichen Drainage sind außerdem zahlreiche Pflege- und Düngemaßnahmen erforderlich, um minderwertige Sauergräser, Unkräuter und eventuelle Giftpflanzen zu beseitigen. Hinzu kommt, dass in einigen Feuchtgebieten (Wasserschutzzone I) Herbizide und Düngemittel mit herbizider Wirkung nicht angewendet werden dürfen. Grenzt das Grünland zudem an ein Gewässer (See, Teich, Tümpel), kann eine

Matschige Weiden mit Staunässe sollten trockengelegt werden.

Trockenlegung ohnehin untersagt sein, weil solche Feuchtbiotope dem Naturschutz unterstehen und Amphibienarten wie Kröten und anderen vorbehalten sind.

Außerdem ist die Trockenlegung selbst zum Teil mit erheblichen Kosten und hohem Arbeitsaufwand für die dabei erforderlichen Erdarbeiten und die Verlegung von Drainagerohren verbunden.

Diese Maßnahmen sind jedoch nur dort durchführbar, wo ein geeignetes Entwässerungssystem geschaffen werden kann. Meist sind das so genannte offene Entwässerungsgräben, die aber auch regelmäßig gepflegt, das heißt ausgemäht und entschlammt werden müssen, damit sie einwandfrei funktionieren.

Alle (Erd-)Arbeiten dürfen mit Rücksicht auf die Tierwelt nur zwischen Mitte September und Ende Oktober durchgeführt werden. Denn in Drainagegräben überwintern Kröten und andere Kleinlebewesen. Nach der Laichzeit im März wächst hier der Nachwuchs von Kröten, Fröschen, Salamandern und Blindschleichen heran.

Beseitigung unerwünschter Weidepflanzen

Unerwünschte Weidepflanzen können Gräser wie die Quecke, Leguminosen wie der Weißklee, minderwertige Kräuter wie der Sauerampfer und giftige Kräuter wie der Scharfe Hahnenfuß sein. Dennoch sollte der Pferdebesitzer nicht gedankenlos alle diese Pflanzen vernichten. Einige häufig auf der Pferdeweiden vorkommenden Kräuter wie Distel, Brennnessel oder Löwenzahn dienen nämlich nützlichen Insekten wie Bienen, Hummeln oder Schmetterlingen durch ihre nektarreichen Blüten als Nahrungsquelle und sollten deshalb in Maßen geduldet werden.

Breiten sich unerwünschte Weidepflanzen allerdings über ein erträgliches Maß aus, muss man sie zurückdrängen beziehungsweise beseitigen. Die beste und schonendste Methode, lästige Gräser und Kräuter einzudämmen, ist allerdings die Vorbeugung durch richtige Pflege und Management. Hierzu zählen insbesondere:

- gezielte Nachsaaten von Geil- und Kahlfraßstellen mit hochwertigen Gräsern und Kräutern
- Pflegemaßnahmen wie Abschleppen, Eggen und Walzen zur Verbesserung der Bodenstruktur

- Säuberungsschnitt und Maßnahmen zur Weidehygiene (wie Misch- oder Wechselbeweidung) zur Eindämmung von Geilstellen und Unkrauthorsten
- Entwässerungsmaßnahmen zur Verdrängung von Sauergräsern und Giftpflanzen beziehungsweise
- Anreicherung sehr trockener, meist sandiger Böden durch Kompostgaben, um die Humusschicht zu erhöhen und dadurch Wasserhaushalt und Wachstum erwünschter Weidepflanzen zu begünstigen
- Vermeidung durch Überweidung (Verbiss hochwertiger Gräser, Ausdehnung Unkräuter) und Unterweidung (Verholzung/Unbrauchbarkeit)
- Wechsel zwischen Beweidung und Schnittfuttergewinnung, um einseitige Beweidung und damit einhergehende Ausweitung unerwünschter Weidepflanzen zu vermeiden
- gezielte Düngung durch Düngemittel mit herbizider Wirkung (zum Beispiel Kalkstickstoff), durch die alle keimenden Unkräuter wie zum Beispiel Vogelmiere, Giftpflanzen wie der Hahnenfuß sowie Moose und starker Löwenzahnbesatz erfolgreich verdrängt werden können

Mechanische Bekämpfung

Auf mechanischem Wege kann man die Ausdehnung unerwünschter Weidepflanzen im Wesentlichen durch zwei Methoden verhindern.

Durch das Abmähen vor Beginn der Blüte vermeidet man die Samenreife vieler Unkräuter wie beispielsweise Distel und Brennnessel sowie Giftpflanzen wie Scharfer Hahnenfuß und damit ihre

Brennnesseln sollten vor dem Blühen abgesenst werden.

Vermehrung und Ausbreitung. Diese Arbeit kann sowohl horstweise mithilfe von Sense oder Freischneider als auch flächendeckend mittels Traktor und Kreiselmäher durchgeführt werden.

Allerdings lassen sich Weidepflanzen, die sich durch Wurzelausläufer verbreiten wie zum Beispiel der Weißklee, nicht durch Schnitt beseitigen. Speziell gegen den lichthungrigen Weißklee hilft eine mehrjährige Nutzung als Mähweide zur Heuwerbung oder die Nachbeweidung mit Schafen, die den Klee mitsamt der Wurzel verbeißen und durch flächendeckende Kotablage (Stickstoff) den Klee ersticken.

Durch das Ausstechen mitsamt der Wurzel mittels eines Spatens oder Stecheisens lassen sich einzelne und großblättrige Kräuter wie der Breitwegerich, die Filzige Klette und der Sauerampfer erfolgreich bekämpfen. Allerdings muss

Einzeln stehende Unkräuter wie der Sauerampfer können tief ausgestochen werden.

speziell der äußerst widerstandsfähige Sauerampfer sehr tief (mindestens 10 bis 15 Zentimeter) ausgestochen werden, da er sonst erneut austreibt. Der Samen des Ampfers bleibt zudem im Boden jahrzehntelang überlebens- und keimfähig.

Bei einer völlig verunkrauteten Weide helfen nur noch Herbizide.

Chemische Bekämpfung

Die Beseitigung unerwünschter Weidepflanzen durch den Einsatz von Herbiziden sollte nur in Ausnahmefällen in Betracht kommen, beispielsweise bei schwer auszurottenden Unkräutern oder wenn eine Weide so verunkrautet ist, dass andere Maßnahmen zwecklos wären und das Grünland vollständig erneuert werden muss.

Beim Einsatz von Herbiziden unterscheidet man zwischen Einzelpflanzen- oder Horstbekämpfung mithilfe von Handspritz- oder Dochtstreichgeräten, die der Pferdebesitzer selbst erledigen kann, und einer Gesamtflächenbekämpfung mittels Traktor und Feldspritze, die nur durch einen Fachmann durchgeführt werden darf.

Bei den Mitteln selbst gibt es Herbizide, die nur bestimmte Pflanzen oder Pflanzengruppen bekämpfen, und Totalherbizide, die alles Grüne vernichten.

Eine Flächenbekämpfung mit Totalherbiziden ist aber nur sinnvoll, wenn anschließend eine Neuansaat erfolgt. Andernfalls sollten nur selektiv wirkende Mittel in begrenztem Rahmen zur Anwendung kommen und kahle Stellen unbedingt übergesät werden. Außerdem verwendet man nach Möglichkeit nur solche Mittel, die für Nützlinge wie Bienen und andere unbedenklich sind.

Ein solches vergleichsweise harmloses Totalherbizid ist beispielsweise Round up®, das jedoch seine Wirkung bereits nach einer Vegetationsperiode verliert. Doch auch andere Mittel lassen in ihrer Wirkung spätestens nach zwei Jahren deutlich nach. Zudem ist der Einsatz von Herbiziden nicht überall (Naturschutzgebiet, Wasserschutzzonen) erlaubt.

Umweltschonender ist darum die Unkrautvermeidung durch geeignete Weidepflege oder mechanische Bekämpfung.

Herbizide nur nach Vorschrift anwenden

- Schutzkleidung (Handschuhe, Schutzbrille, Atemschutz) verwenden
- Dosierungs- und Anwendungsvorschriften genau befolgen!
- eventuelle Restbestände mit dem Sondermüll entsorgen
- vorgeschriebene Wartezeiten bis Beweidung beziehungsweise Schnittfuttergewinnung unbedingt einhalten

Weidedüngung

Eine weitere Pflegemaßnahme von Grünlandflächen stellt die Düngung dar. Allgemein definiert ist Düngung der Ersatz von Nährstoffen im Boden, die ihm durch das Grasen der Pferde, Grasschnitt, Heu- und Silagegewinnung entzogen werden. Darüber hinaus kann durch eine zielorientierte Düngung der Boden und die aus ihm wachsende Gräsergemeinschaft in eine bestimmte und für die Pferde positive und effektive Richtung gelenkt werden, wie zum Beispiel die Unterdrückung von Schädlingen (Endoparasiten, Grasnarbenschädlinge) und unerwünschten Kräutern und Gräsern (Verschiebung der Artenzusammensetzung), Verbesserung der Schmackhaftigkeit, Erhöhung der Humusbildung auf zum Beispiel vornehmlich sandhaltigen Böden, Veränderung des pH-Wertes von unerwünscht sauer auf erwünscht basisch oder die Beeinflussung beziehungsweise Verbesserung des Bodenzustands, um ein erhöhtes Auswaschen von Nährstoffen zu unterbinden.

Wie bereits erwähnt, hat sich in den letzten Jahrzehnten die Zusammensetzung des Grünlandes in eine bestimmte, den Pferden nicht unbedingt zuträgliche Richtung entwickelt. So hat sich der Anteil eiweiß- und kohlenhydratreicher Gräser aufgrund der expandierenden Grünlandbewirtschaftung und Milchproduktion rasant vergrößert, während magere Gräser und vor allem Kräuter wegen ihres geringeren Nährstoffgehalts zurückgedrängt wurden. Eine unüberlegte und leider immer noch traditionell bedingte einseitige Düngung mit zum Beispiel Stickstoff mit der Folge eines erhöhten Gräserwachstums auf Pferdeweiden mit ohnehin bereits hauptsächlich vorhandenen „Turbogräsern“ kann hierbei nicht nur erhebliche gesundheitliche Schäden bei den Pferden auslösen und unnötige Kosten verursachen, sondern ist auch unter ökologischen Gesichtspunkten bedenklich. Außerdem ist eine solche einseitige Düngung in bestimmten Naturschutz- und Wasserschutzzonen („Problem- und Sanierungsgebiete“, Zonen I und II) sogar verboten.

Wie kann man nun in Erfahrung bringen, welche Art und wie viel Dünger der Boden einer Pferdeweide benötigt? Welche Nährstoffe müssen ihm über den Dünger zugeführt werden? Eine Mög-

Starker Befall mit Scharfem Hahnenfuß weist auf einen sauren Boden hin.

lichkeit ist, sich nach bestimmten Erfahrungswerten oder Düngeempfehlungen zu richten, die regional in unterschiedlicher Weise angewendet werden. Erfahrene Landwirte und Pferdezüchter können zum Beispiel anhand des Zustandes einer Weide und ihrer Artenzusammensetzung erkennen, welche Art von Dünger der Boden braucht.

Diese Methode ist aber ungenau, weil unter Umständen trotzdem ein Überschuss oder aber eine Unterversorgung von bestimmten Nährstoffen entstehen kann. Eine Unterversorgung führt zu einem verringerten Wachstum der Gräser mit sinkendem Ertrag. Ein Überschuss lässt das Gras im Frühjahr nicht nur zu schnell wachsen mit der Gefahr von Gesundheitsschäden für die Pferde, sondern die Nährstoffe können auch ausgewaschen werden und das Grundwasser beeinträchtigen.

Grafik: Weidedüngung

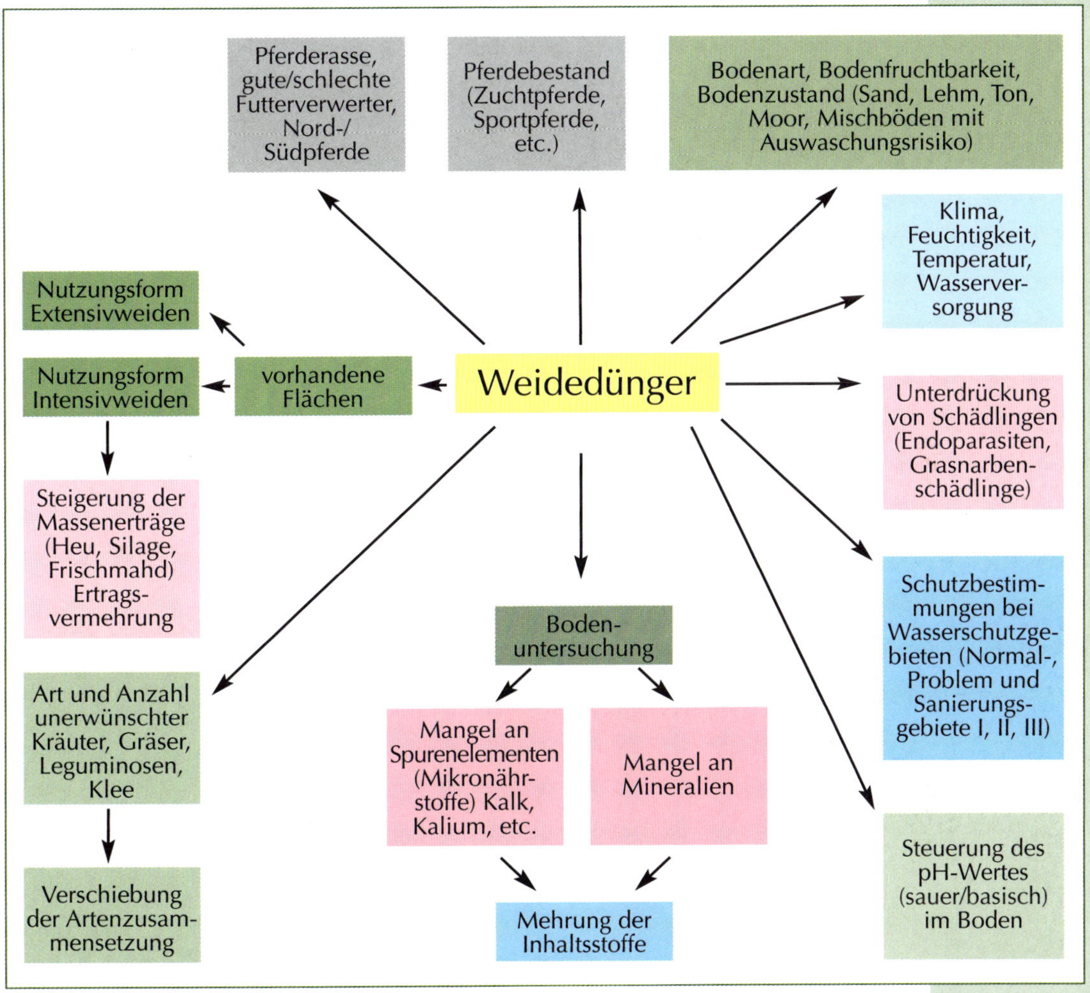

Bodenuntersuchung

Eine exakte Aussage über den Zustand des Grünlandbodens kann nur durch eine gezielte Bodenuntersuchung gemacht werden. Eine solche auf das so genannte Grünland bezogene Bodenuntersuchung gibt nicht nur Aufschluss über die wichtigen Inhaltsstoffe des Bodens (Anteil von Phosphor, Kalium, Magnesium und so weiter) und den pH-Wert, sondern es wird gleichzeitig eine Düngeempfehlung ausgesprochen. In dieser Empfehlung wird darüber hinaus individuell auf die verschiedenen Nutzungsarten des Grünlands eingegangen:

- extensive Stand-/Umtriebsweide ohne Schnitt
- intensive Stand-/Umtriebsweide ohne Schnitt
- 1. Schnitt mit extensiver Nachbeweidung
- 1. Schnitt mit intensiver Nachbeweidung

Wie wird eine Bodenuntersuchung durchgeführt?

Die regionalen landwirtschaftlichen Dienststellen geben Auskunft über die Institute, die Bodenuntersuchungen für Grünland, speziell für Pferdeweiden durchführen.

Die für eine Bodenuntersuchung notwendige Probenentnahme unterliegt bestimmten Besonderheiten.

Zur Bodenentnahme werden folgende Gerätschaften benötigt:

- sauberer Spaten
- gereinigter Eimer
- sauberer Metall- oder Holzstab zum Mischen der Einzelproben
- Plastikbeutel mit dichtem Verschluss
- saubere Gummihandschuhe

Die Bodenentnahme wird wie folgt durchgeführt:

- zeitiges Frühjahr
- Tiefe etwa 10 bis 20 Zentimeter
- 10 bis 20 Proben pro Hektar (zirka 500 Gramm pro Entnahme)
- Entnahme aus den Diagonalen der Fläche (nicht aus Rändern, Geilstellen oder durchnässten Bereichen)
- Die Summe der Einzelproben (zirka 5 bis 10 Kilogramm) gut mischen
- Aus dem Gemisch etwa 250 bis 500 Gramm entnehmen, in Beutel füllen und luftdicht verschließen
- Formular „Probenentnahme zur Bodenuntersuchung" ausfüllen (mit Standortbesonderheit, Waldrand, Gewässernähe und so weiter)
- Die Mischprobe am Wochenanfang zur Untersuchungseinrichtung verschicken

Die Ergebnisse der Bodenprobe sollten Folgendes enthalten:

- Bodenart (sandhaltig, lehmhaltig, Mischboden)
- Besonderheiten aus dem Standort (Wald- und Gewässernähe, Schutzbestimmungen aus Wasserschutzgebieten)
- pH-Wert
- Anteile der Inhaltsstoffe (Phosphat, Kalium, Magnesium, Kupfer und so weiter)
- Inhalt von Spurenelementen

Die Düngeempfehlung sollte die Düngerart, die Menge und den Zeitpunkt der Ausbringung enthalten bei

- extensiv und
- intensiv genutzten Grünlandflächen

und ist als „verhaltene Empfehlung" beziehungsweise Beratung zu betrachten. Sie enthält ausschließlich anorganische Düngerarten, die überall käuflich zu erwerben und zugelassen sind.

Eine Individualberatung bekommt man bei den Landwirtschaftskammern angeschlossenen so genannten Arbeitskreisen Grünlandberatung, durch die man gegen eine geringe Beitrittsgebühr eine individuelle Düngeempfehlung ausgestellt erhält, die Besonderheiten der Pferdeweide beziehungsweise des Grünlands berücksichtigt (Art des Pferdebestands, Schutzzonen und so weiter). Außerdem schlägt diese Individualberatung auch Alternativen wie den Einsatz von organischen Düngern (Kompost, Rottemist, Hornmehl, Gülle) vor.

Dünger und Inhaltsstoffe

Als Dünger für die Pferdeweide eignen sich zum einen organische Dünger (Kompost, abgelagerter Mist, Gülle, Hornmehl und anderes), zum anderen mineralische Dünger (= Kunstdünger, anorganische Dünger) als Einnährstoff-, Mehrnährstoff- und Spurenelementdünger. Daneben gibt es noch anorganische Bodenverbesserer, die nicht künstlich hergestellt werden wie zum Beispiel Urgesteinsmehle (Basalt- und Lavamehle).

Je nach Mangelerscheinungen im Weideboden können auch Kombinationen von organischen und mineralischen Düngern (Ergänzungsdünger) verwendet werden.

Dabei richtet sich die Wahl der Dünger immer nach den fehlenden und für die Gräsergemeinschaft lebensnotwendigen Nährstoffen im Boden. Aus diesem Grund lässt sich keine einheitliche Düngeempfehlung aussprechen, da jeder Weideboden individuell ergänzt werden muss. Es werden daher lediglich die einzelnen Dünger vorgestellt und ihre Vor- und Nachteile beschrieben.

Organische Dünger und anorganische (natürliche) Bodenverbesserer

Kompost ist ein natürlicher Mischdünger aus Erde und organischen Substanzen. Der eigentliche und gewöhnliche Kompost ist definiert als Stalldünger, gemischt mit verweslichen Stoffen, der abwechselnd mit Lagen von Erde aufgeschichtet wird und nach zwei bis drei Jahren Verrottung als hochwertiger Dünger ausgebracht werden kann.

In unserem Fall geht es vor allem um Kompostdünger, der aus Pferdedung, Stroh und anderen Einstreuarten besteht.

Kompostierter Pferdemist gehört zu den organischen Düngern.

Die Düngung mit reifem Kompost aus Pferdemist auf Pferdeweiden ist umstritten, während die Verwendung von unreifem beziehungsweise unverrottetem Pferdemist aus für die Pferde hygienischen und parasitären Gründen abgelehnt werden muss. Die Befürworter der Düngung mit reifem Kompostdünger aus Pferdemist führen – immer unter der Voraussetzung einer fachgerechten Kompostierung – folgende Gründe an:

- die Entstehung eines ausgeprägten Bodenlebens (Edaphon)
- infolge dieses Bodenlebens eine erhöhte Wasseraufnahme des Weidebodens mit verminderter Staunässe und erhöhter Wasserspeicherung in Trockenzeiten
- verbesserte Bindung von Nährstoffen mit geringer Tendenz von Ausschwemmung in das Grundwasser
- erhöhte Festigkeit der Gräserwurzeln (Trittfestigkeit)

- Verschiebung der Artenzusammensetzung in Richtung wertvolle Gräser und Kräuter und Unterdrückung von unerwünschten, giftigen Kräutern
- infolge der Bodenverbesserung erhebliche Zunahme an Regenwürmern mit allen Vorteilen in Bezug auf Bodenbelüftung und Vermehrung der Bodennährstoffe

> 1 Tonne verrotteter Pferdedungkompost (zirka 25 Prozent Trockenmasse) enthält durchschnittlich
> 6 bis 7 Kilogramm Stickstoff,
> 1 bis 3 Kilogramm Phosphat,
> 5 bis 7 Kilogramm Kalium und
> 1 bis 2 Kilogramm Magnesium
> (Geldwert etwa 8 Euro pro Tonne)

Die Kritiker der Kompostdüngung aus Pferdemist zählen auf:

- Auch gut verrotteter Stallmistkompost hat aus hygienischen Gründen auf Pferdeweiden nichts zu suchen (trotz Verrottung unzerstörte Parasiteneier, Neu- und Wiederinfektion der Pferde mit Würmern, resistente Unkrautsamen, Ablehnung von Pferden)
- Die fachgerechte Kompostierung von Pferdemist erfordert hohe Sachkenntnis, ist relativ aufwendig und selten behördlich gestattet (Genehmigung beim Ordnungsamt, untere Naturschutzbehörde)
- Der Pferdemist darf nur auf befestigten und wasserundurchlässigen Dungstätten (Mistplatten) gelagert werden; es ist unzulässig, in so genannten Außenbereichen ungesicherte Misthaufen beziehungsweise Kompostierungsstätten anzulegen (noch strengere Auflagen in Wasserschutzzonen, Überschwemmungs- und Naturschutzgebieten)
- hoher arbeitstechnischer und maschineller Aufwand beim Anlegen der Kompoststätte (auf richtige Feuchtigkeit achten (Fäulnis, Trockenschimmel), Luftzutritt gewähren, Temperatur regulieren, Erde und Kalk beimischen)
- beträchtlicher Aufwand beim Verbringen von mindestens 6 Tonnen Kompostmist pro Hektar Weidefläche
- nicht oder kaum durchführbar bei Hanglagen

Es erscheint sinnvoll – vor allem unter biologisch-ökologischen Gesichtspunkten –, den „normalen“ Kreislauf einer Grünlanddüngung durchzuführen, also das, was dem Weideboden durch das Grasen der Pferde entzogen wird, ihm – angereichert mit kompostierbaren anderen organischen Substanzen wie Erde, Kalk oder Urgesteinsmehl – wieder zuzuführen. In der Praxis stellt diese Art der Düngung jedoch nicht nur hohe Ansprüche in Bezug auf Maschineneinsatz und Arbeitskraft, sondern ist auch mit umweltschutztechnischen Hürden und je nach Zugabe von Rotteförderung/Kalk und anderem mit einem vergleichsweise hohen Kostenaufwand verbunden. Einen ähnlichen Effekt lässt sich auch mit gezieltem Kunstdünger in Verbindung mit anorganischen Bodenverbesserern wie etwa Urgesteinsmehlen erreichen, und das vor allem kostengünstiger.

Die Ausbringung von Pferdekompostmist mit dem Miststreuer sollte alle drei bis vier Jahre im Herbst beziehungsweise am Ende der Vegetationsperiode erfolgen. Bei im Frühjahr ausgebrachtem Kompostmist darf keine Schnittnutzung erfolgen.

Er muss überdies fein verteilt und mit der Wiesenschleppe eingebürstet werden, damit die Pflanzen ausreichend Licht und Luft bekommen.

Andere organische Dünger sind **Hornmehl, Knochenmehl, Blutmehl (Peru-Guano), Schweineborsten, Jauche, Gülle** und **Klärschlamm**.

Während Horn-, Knochen- und Blutmehle sowie gegebenenfalls Schweineborsten in kleinen Mengen und zur Verbesserung des Bodenlebens als organische Ergänzungsdünger eingesetzt werden können, muss die Verbringung von Jauche, Gülle und Klärschlämmen aus hygienischen, ethischen (Massentierhaltung) und ökologischen Gesichtspunkten (nur biologisch aufbereitet verwendbar) abgelehnt werden (Gülleflora). Trotzdem favorisieren unter anderem auch Tierärzte vor allem Schweinegülle als organischen Dünger für Pferdeweiden, da sie parasitenhemmend, phosphorhaltig und grasnarbenschützend sei. Insgesamt besitzen aber diese Düngerarten nicht ansatzweise die Vorteile der Kompostdüngung mit Pferdemist.

Anders stellt sich die Düngung (als alleinige Düngung oder Ergänzungsdüngung) mit **Urgesteinsmehlen** dar. Man unterscheidet bei diesen vulkanischen Gesteinsmehlen, die als Nebenprodukte der Natursteinindustrie gewonnen und als Düngemittel in Form von feinem Mehl (Körnung unter 1 Millimeter) angeboten werden, zwischen

- basischen Mehlen aus Basaltstein (Verbringung auf sauren und sandigen Weideböden) und
- sauren Mehlen aus Granit-, Gneis-, Porphyrgestein (für tonige, lehmige und kalkhaltige Böden)

Urgesteinsmehle gelten als Mineraldünger mit geringen Anteilen von Phosphor und Kalium, dafür aber reich an Spurenelementen. Das Institut für Geologie der Universität Innsbruck hat 1998 in einem Gutachten folgende Durchschnittswerte aus 60 Gesteinsproben (Diabas-Lavamehl) ermittelt:

Tabelle 6: Vulkanlava Bio-Lit 12. 3. 1998

Hauptelemente		%	Spurenelemente		mg/kg
Al2O3	Aluminium	13,41	As	Arsen	17,2
CaO	Calcium	7,32	Ba	Barium	288,2
CO2	Calciumhydrooxid	4,09	Bi	Wismut	11,2
Fe2O3	Eisen	12,67	Ce	Cer	167,1
K2O	Kalium	0,92	Co	Cobalt	45,5
MgO	Magnesium	6,46	Cr	Chrom	187,5
MnO	Mangan	0,19	Cu	Kupfer	34,2
Na2O	Natrium	3,53	La	Lanthan	78,3
P2O5	Phosphor	0,49	Li	Lithium	58,5
SO3	Schwefel	0,12	Mo	Molybdän	2,7
SiO2	Silicium	46,63	NB	Niob	31,2
TiO2	Titan	3,26	Ni	Nickel	105,4
			Pb	Blei	9,4
			Rb	Rubidium	24,2
			Sc	Scandium	32,3
			Se	Selen	55
			Sr	Strontium	439,9
			Ta	Tantal	3,2
			V	Vanadium	252,7
			Y	Yttrium	33,6
			Zn	Zink	121,6
			Zr	Zirkon	292,1

Die Ausbringung von Urgesteinsmehl kann das ganze Jahr über erfolgen, am besten aber vom Herbst bis zum Frühjahr. Die Menge richtet sich nach den Ergebnissen aus der Bodenprobe (zwischen 500 und 1.000 Kilogramm pro Hektar; Kosten zirka 150 bis 300 Euro; Angabe Raiffeisengenossenschaft).

Urgesteinsmehle besitzen einen anregenden Einfluss auf die Grünlandgemeinschaft, fördern die Humusschicht und das Bodenleben, heben den pH-Wert bei sauren Böden, ersetzen (zum Teil) das Kalken und bewirken durch den hohen Anteil an Silicium (Silikate) eine Festigung der pflanzlichen Gewebe. Eine Überdüngung ist weitgehend ausgeschlossen. Der einzige Nachteil ist, dass sich die volle Wirkung der Düngung mit Urgesteinsmehl erst nach etwa einem Jahr, bei gröberen Mehlen (= kostengünstiger) sogar erst nach einem bis zu drei Jahren entfaltet. Auf kleineren Flächen bis zu 0,5 Hektar kann das Urgesteinsmehl, das in 25-Kilogramm-Säcken erhältlich ist, von Hand ausgebracht werden, bei größeren Flächen mit einem Düngerstreuer.

Kalkdünger (Calcium)

Kalk kommt sowohl als anorganische Substanz in der Natur vor (Kalkgesteine), wird aber auch künstlich aus Industrieschlacken gewonnen und in feiner Pulverform als Dünger angeboten. Kalk beziehungsweise Calcium beeinflusst die Bodenstruktur und den pH-Wert (basisch/sauer) des Weidebodens. Je höher der Kalkgehalt des Bodens, desto höher ist auch der pH-Wert. Er verbessert aber auch das Bodenleben (Humusbildung), die Luftzufuhr und den Wasserhaushalt im Boden, vermindert die Entwicklung von Parasiten und unterdrückt unerwünschte Kräuter. Durch die gesteigerte Belüftung wird gleichzeitig die Temperatur im Boden angehoben, was den Beginn der Vegetationsperiode zeitigt. Infolge Beweidung durch die Pferde, aber auch durch Heu- und Silagegewinnung werden dem Boden pro Jahr etwa 300 bis 500 Kilogramm Calcium entzogen. Diese Menge muss ihm also über eine Kalkdüngung wieder zugeführt werden, sonst verändert sich der pH-Wert in den sauren Bereich.

Bei Böden mit natürlich vorkommendem Kalkgehalt entfällt in der Regel die Düngung, bei anderen Böden wird sie notwendig. Aufschluss über einen Kalkmangel gibt die Bodenuntersuchung durch den ermittelten pH-Wert. In der Düngeempfehlung werden dann die notwendige Kalkmenge, die dem Boden pro Hektar zuzuführen ist, sowie die Art des Düngers (langsam und schnell wirkende Kalkdünger) angegeben. Eine Überdüngung mit Kalk kann aber auch negative Folgen haben, indem wertvolle Nährstoffe gebunden und der Grünlandgemeinschaft vorenthalten werden.

Mineralische Dünger/Mineraldünger

Die so genannten reinen Mineraldünger, auch als Kunstdünger oder anorganische Dünger bezeichnet (Stickstoff-, Phosphat-, Kalium, Magnesiumdünger), werden im Handel als zugelassene Einnährstoff-, Mehrnährstoff- und Spurenelementdünger angeboten. Wie bereits erwähnt, sollten diese Düngerarten – besonders die stickstoffhaltigen – auf der Pferdeweide vorsichtig und mit Bedacht angewendet werden.

Für die Pferdeweide sehr günstig sind Mineraldünger, die vor allem auch Spurenelemente wie Mangan, Kupfer, Bor, Arsen, Kobalt, Kupfer, Eisen und Silicium enthalten. Aber auch Phosphor, Kalium und Magnesium sind für die Pferdeweide von großer Wichtigkeit. Eine Überdüngung mit zum Beispiel einem bestimmten Mineral kann auf der anderen Seite aber auch zu Schädigungen des Bodengefüges (Blockade anderer Minerale, Veränderung der Nährstoffe in der Pflanze) und damit zu gesundheitlichen Beeinträchtigungen bei den Pferden führen.

Die Düngeempfehlungen für Pferdeweiden wird von der Landwirtschaftlichen Untersuchungs- und Forschungsanstalt der Landwirtschaftskammer Westfalen-Lippe (LUFA) hinsichtlich Mineraldünger – und hier besonders Stickstoff, Phosphat, Kalium und Magnesium – wie folgt angegeben:

Tabelle 7: Düngeempfehlung

Dünger	Weidegang ohne Schnittnutzung		Mähweide
	extensive Stand-/Umtriebsweide	intensive Umtriebsweide	
Stickstoff (N) zum 1. Aufwuchs	0 bis 20 kg/ha je nach Kleeanteil	0 bis 40 kg/ha je nach Kleeanteil	40 bis 60 kg/ha zur Schnittnutzung
Stickstoff-nachdüngung	0 bis 20 kg/ha je nach Kleeanteil alle 6 bis 8 Wochen, maximal 3-mal/Jahr	0 bis 40 kg/ha je nach Kleeanteil alle 6 bis 8 Wochen, maximal 3-mal/Jahr	20 bis 40 kg/ha alle 6 bis 8 Wochen, maximal 3-mal/Jahr
Phosphatdüngung (P_2O_5) [1] in kg/ha	A B C D E 30 20 10 0 0	A B C D E 50 40 25 10 0	A B C D E 65 50 40 20 0
Kaliumdüngung (K_2O) [1] in kg/ha	A B C D E 25 15 5 0 0	A B C D E 45 35 20 10 0	A B C D E 170 150 110 55 0
Magnesiumdüngung (MgO) [1] in kg/ha	A B C D E 30 15 5 0 0	A B C D E 30 15 5 0 0	A B C D E 40 25 15 5 0

[1] Versorgungsstufe	Düngung
A = sehr niedrig	stark erhöhte Düngung nötig
B = niedrig	erhöhte Düngung nötig
C = anzustreben	Entzugsdüngung nötig/voll befriedig. Nährstoffversorgung
D = hoch	halbe Entzugsdüngung nötig
E = sehr hoch	keine Düngung nötig

Dabei werden die Gehaltsklassen und Versorgungsstufen für das Grünland von der LUFA wie folgt eingeteilt:

Tabelle 8: Nährstoffgehalt

Nährstoff	Nährstoffgehalt in mg/100 g Boden (aus der Bodenprobe)				
	A sehr niedrig	B niedrig	C anzustreben	D hoch	E sehr hoch
Phosphat (P_2O_5)	3 bis 5	4 bis 13	10 bis 24	19 bis 38	ab 33/39
Kalium (K_2O)	2 bis 5	3 bis 13	6 bis 24	13 bis 38	ab 20/33
Magnesium (MgO)	bis 3	4 bis 7	8 bis 12	13 bis 18	ab 19

Anmerkung: Die niedrigeren Werte betreffen Sandböden und sandige Mischböden, die hohen Werte betreffen Lehm, Ton und lehmige/tonige Mischböden.

Aus den beiden Tabellen ergibt sich als Beispiel die folgende Düngeempfehlung:

Eine intensiv genutzte Pferdeweide (Boden aus Lehm-Ton-Gemisch) besitzt aus der Bodenuntersuchung folgende Nährstoffgehalte: Phosphat 29 Milligramm, Kalium 4 Milligramm und Magnesium 10 Milligramm pro 100 Gramm.

Daraus ergeben sich die Versorgungsstufen: Phosphat hoch (D), Kalium niedrig (B), Magnesium normal (C).

Und die Düngeempfehlung (aus der Tabelle):

- Phosphatdüngung 10 Kilogramm pro Hektar (geringer Düngebedarf)
- Kaliumdüngung 35 Kilogramm pro Hektar (erhöhter Düngebedarf)
- Magnesiumdüngung 5 Kilogramm pro Hektar (Entzugsdüngung)

Empfohlen wird von der LUFA in einem solchen Fall 116 Kilogramm pro Hektar Kalimagnesia-Dünger (30 Prozent Kalium, 10 Prozent Magnesium, 0 Prozent Phosphat), der dann 35 Kilogramm Kalium, 12 Kilogramm Magnesium und 0 Kilogramm Phosphor aufweist.

Wie man sieht, weichen die einzelnen Düngermengen dieses Mehrnährstoffdüngers vom Idealfall ab (kein Phosphat, richtige Menge Kalium, leicht erhöhte Menge Magnesium). Diesem Kompromiss kann man durch Wahl von Einnährstoffdüngern entgegentreten (also jeweils mengenmäßig ausgerechnet zum Beispiel Superphosphatdünger, Kalidünger und Magnesiumdünger), um so die ideale Mischung zu erhalten.

Der Markt bietet eine breite Vielfalt von mineralischen Mehrnährstoff und

Einnährstoffdüngern an, die kaum zu überblicken ist. Aus diesem Grund werden in tabellarischer Form alle Düngerarten (auch die organischen), ihre Vor- und Nachteile, ihre Zusammensetzung sowie Ausbringung dargestellt, um möglichst übersichtlich vergleichen zu können.

Tabelle 9: Düngemittel

	Dünger	Art/Zusammensetzung	Wirkung	Ausbringung, Vorteile, Nachteile	Kosten/ha
organische Dünger	Kompostdünger Pferdemist	1 Tonne (25 % TM) enthält zirka 4–7 kg N 1–4 kg P_2O_5 5–8 kg K_2O 1–2 kg MgO	verdrängt unerwünschte Kräuter; begünstigt erwünschte Gräser und Kräuter	Ausbringung maschinell im Herbst, Einbürsten mit Wiesenschleppe. Fördert Verbreitung von Regenwürmern, Bodenleben, und Bewurzelung; Belastung mit Parasiteneiern; unbefestigte Lagerung verboten, hoher arbeitstechnischer Aufwand; ungeeignet auf moorigen Böden	Ausbringungskosten (50 Euro/h); monetärer Wert zirka 8 Euro/t
	Hornmehl	10–14 % N 0,3 % MgO 6 % CaO	organischer Stickstoffdünger mit Kalk	unterdrückt unerwünschte Kräuter, regt Bodenleben an, fördert Humusbildung	für große Flächen zu teuer
	Knochenmehl	20 % P_2O_5		phosphathaltiger organischer Ergänzungsdünger (20–25 kg/ha)	
	Blutmehl, Peru-Guano	6–12 % N 12 % P_2O_5 2 % K_2O Spurenelemente	verdrängt unerwünschte Kräuter; begünstigt erwünschte Gräser und Kräuter	organischer Stickstoff- und Phosphatdünger mit geringen Mengen Kalium und Spurenelementen	für große Flächen zu teuer
	Jauche (Rind) Gülle (Schwein)	2–7 % N 1–4 % P_2O_5 2–5 % K_2O 0,2–1,4 % MgO		organischer Stickstoffdünger mit Phosphat, Kalium und Magnesium. Abnahme der Schmackhaftigkeit der Gräser; Zunahme minderwertiger Pflanzen; Pferde meiden begüllte Grünlandflächen (auch nach 1. Schnitt); ungeeignet auf moorigen Böden; Überdosierung auf trockenen Böden oder bei Hitze führt zu Pflanzenschäden	
	Korall-Algenkalk	2–3 % MgO 30–40 % CaO	organischer Bodenverbesserer	verdrängt Sauerampfer; begünstigt Gräser, Klee und Wildkräuter (Untergräser); Ausbringung im Herbst, Winter, zeitiges Frühjahr; blockiert Nährstoffe und Spurenelemente. Zusammensetzung: organisch gebundener Kalk, Mg, Kieselsäure, Spurenelemente Aminosäuren, Jod, Vitamine	

organische Dünger

Dünger	Art/Zusammensetzung	Wirkung	Ausbringung, Vorteile, Nachteile	Kosten/ha
Urgesteinsmehl	siehe Tabelle		kein schneller „Nothelfer"; anorganischer Bodenverbesserer und Mineraldünger; neutralisiert saure und alkalische Böden; verringert beziehungsweise ersetzt Kalkung; hat regenerierenden Einfluss auf den Boden, fördert Regenwürmer: Auflockerung des Bodens; festigt durch hohen Silikatanteil pflanzliche Gewebe; Ausbringung Herbst bis Frühjahr, maschinell große Flächen, von Hand kleine Flächen; empfehlenswert auf Sand und sauren Böden (Kalk- und Tonböden: saure Mehle verwenden)	zwischen 500 und 1.000 kg/ha; Kosten zirka 150–300 Euro

mineralische Einnährstoffdünger

Dünger	Art/Zusammensetzung	Wirkung	Ausbringung, Vorteile, Nachteile	Kosten/ha
Kalk (kohlensaurer Kalk, Hüttenkalk, Thomaskalk)	44–50 % CaO 7–10 % MgO (4 % P_2O_5 3 % N)		wirkt langsam (Sand-/Lehmböden); ausgeglichene Kalkbilanz gewährleistet biologische Aktivität im Boden, Humusbildung, Nährstoffverfügbarkeit; durch Heuernte und Beweidung wird dem Boden große Mengen Kalk entzogen, ebenso durch Auswaschung, sauren Regen, kalkzehrende Dünger; Kalkbedarf 500–800 kg/ha beziehungsweise richtet sich nach pH-Wert aus der Bodenuntersuchung	
Mikro-Nährstoffdünger: EXCELLO-Weide	Versorgung mit Spurennährstoffen (Kupfer, Mangan, Zink, Eisen und Bor)		Ausbringung alle vier Jahre; Anwendung bei Mangan- und Zinkmangel; stellt die Grundversorgung sicher, dient zur Ergänzung in Wachstumsphasen und zum Ausgleich in Stresssituationen; Förderung der Bodenfruchtbarkeit, Erhalt Ertragskraft des Bodens	43 Euro/100 kg
Stickstoffdünger	Kalkammonsalp., Kalksalpeter, AHL, Harnstoff: 16–46 % N	wirkt schnell, pH-Wert-senkend, verdrängt Klee, Untergräser und einige Kräuter, fördert Obergräser, Bärenklau, Wiesenkerbel, Ampfer; senkt Fruktangehalt; Ausbringung möglichst verteilt das ganze Jahr, März/April und nach Heuernte	für Pferdeweide sehr vorsichtig (oder gar nicht) anwenden; Grundwasserbelastung. Ein intaktes Bodenleben ermöglich einer Weide ausreichende Versorgung mit Stickstoff ausschließlich aus der Luft (Knöllchenbakterien)	15–20 Euro (bei 40 kg/ha)

Dünger	Art/Zusammensetzung	Wirkung	Ausbringung, Vorteile, Nachteile	Kosten/ha
Kali-(Kalium)-Dünger	40er-Kali: 40 % K_2O		tonige Böden und Marschböden enthalten i.d.R. mehr Kalium; Gefahr des Auswaschens (Grundwasser) bei sandigen Böden. Kalidüngung in kleinen Mengen auf das ganze Jahr verteilen; fördert Kohlenhydratgehalte in den Weidegräsern (!); problematisch bei natrium-/calciumreichen Böden (Blockade)	4–14 Euro (10–35 kg/ha)
Phosphordünger	Superphosphat: 18 % P_2O_5 12 % S		Phosphor (Rohphosphate, organisch aus Meerestieren) und Phosphat (P_2O_5,, anorganisch aus Salz der Phosphorsäure). Weideböden in BRD meist phosphorarm; reges Bodenleben und ausgewogener Kalkgehalt optimieren das Vorhandensein von Phosphor für Pflanzen; fördert (zusammen mit Kalium) Klee	5–20 Euro (10–40 kg/ha)
Magnesiumdünger	Kieserit, Bittersalz: 16–27 % MgO 21 % S		Magnesium spielt wichtige Rolle in der Pflanzenernährung (Photosynthese); wäscht (bes. sandige Böden) rasch aus; hohe Stickstoffdüngung verdrängt magnesiumhaltige Kräuter; geringer pH-Wert des Bodens vermindert die Verfügbarkeit des Magnesiums für die Pflanzen	2–6 Euro (5–15 kg/ha)

Dünger	Art/Zusammensetzung	Wirkung	Ausbringung, Vorteile, Nachteile	Kosten/ha
Kalkstickstoffdünger	PERLKA 20 % N 20–55 % CaO	„Volldünger"; wirkt langsam und anhaltend, hebt pH-Wert (Kalk), gegen Unkraut und Parasiten	Ausbringung März/April, zirka14 Tage vor Neueinsaat wird Unkrautdruck erheblich gemindert; verdrängt Sauerampfer, Löwenzahn, Ehrenpreis, Vogelmiere, Moos; fördert blattreiche Untergräser; tötet Eier, Larven verschiedener Schädlinge (Schnecken, Mücken, Schnaken); Erhöhung der Massenerträge; macht Pferde nicht robust (weiche Pferde)	20–40 Euro (25–40 kg/ha)
Stickstoff-Phosphat-dünger	18 % N 46 % P_2O_5		zum Beispiel Diammonphosphat: „Volldünger", pH-Wert-senkend	10 kg/6 Euro
Phosphat-/Kali-/Magnesium (Thomaskali)	8 % P_2O_5, 15 % K_2O 6 % MgO, 3 % Na 3 % S, 21 % CaO		geeignet für phosphatarme Böden; langsame und nachhaltige Wirkung; enthält auch Spurenelemente	3,40–11 Euro (10–35 kg/ha)

	Dünger	Art/Zusammensetzung	Wirkung	Ausbringung, Vorteile, Nachteile	Kosten/ha
mineralische Zwei- und Mehrnährstoffdünger	Magnesia-Kainit	11 % K_2O 5 % MgO 20 % Na 4 % S	Grunddünger, hemmt Moos/Sauerampfer, fördert Mineralstoffhaushalt der Pferde	Ausbringung Herbst oder Frühjahr, wg. Ätzgefahr nicht auf vereisten Boden aufbringen; sichert Nährstoffe wie Kalium, Mg, Natrium und Schwefel. Primär für Grünlanddüngung gedacht. Voraussetzung ist hoher Anteil an Weidelgras (nimmt Natrium besser und steigert damit die Schmackhaftigkeit des Futters), steigert Grundfutteraufnahme	11–17 Euro (50–80 kg/ha)
	NPK-Dünger (Volldünger, phosphatarm)	12–13 % N 12–46 % P_2O_5 15–21 % K2O 2–6 % MgO		Weisen aufgrund der Vielzahl der Nährstoffe mehrere Vor- und Nachteile der o.g. Einnährstoffdünger auf. Vorteil ist der geringere Aufwand beim Ausbringen (nur eine Düngung) als bei mehreren, aufeinander abgestimmten Einnährstoffdüngern; geeignet für phosphatarme Böden	12–25 Euro (25 bis 50 kg/ha)

P_2O_5 = Phosphorsäureanhydrit (Phosphorpentoxid)
K_2O = Kaliumoxid
MgO = Magnesiumoxid
CaO = Calciumoxid
S = Schwefel
Na = Natrium
N = Stickstoff

Grafik: Jahresplaner Weidepflege

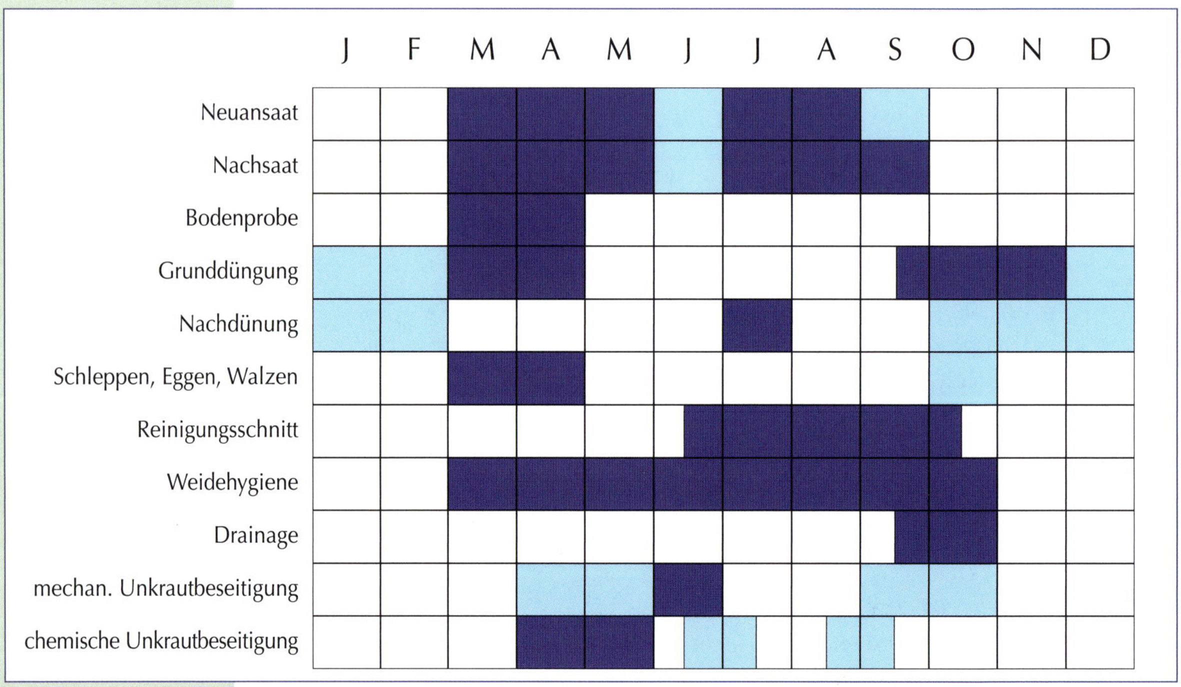

Dunkelblau: optimaler Zeitraum
Hellblau: möglicher Zeitraum

Weidetechnische Einrichtungen

6

Grünland wird erst dann als Pferdeweide nutzbar, wenn es entsprechend eingefriedet und mit einer Unterstellmöglichkeit sowie Fütterungs- und Tränkevorrichtungen versehen ist. Alle diese weidetechnischen Einrichtungen müssen pferdegerecht installiert, so sicher und verletzungsarm wie möglich sowie jederzeit funktionstüchtig sein. Regelmäßige Kontrollgänge speziell nach der Winterpause, nach Unwettern wie Sturm oder bei einem Weidewechsel sind darum unbedingt erforderlich, um unnötige Ausbruchs- oder Verletzungsrisiken auszuschließen.

Bei abgegrasten Weiden versuchen Pferde häufig, den Zaun zu überwinden.

Weidezäune

Auch bei unseren Hauspferden ist der Flucht- und Wandertrieb noch mehr oder weniger stark ausgeprägt und vom Nahrungs- und Platzangebot abhängig. Zu kleine oder abgefressene Weiden sowie Gefahr können Pferde dazu veranlassen, den Weidezaun zu durchbrechen.

Eine absolut ausbruchsichere Einzäunung gibt es zwar nicht. Dennoch sollte der Pferdebesitzer ein Höchstmaß an Sicherheit anstreben und seinen Weidezaun so installieren, dass dieser von den Pferden als Grenze respektiert wird. Auch die Instandhaltung der Einzäunung ist wichtig, weil defekte Einfriedungen für die meisten Weideausbrüche verantwortlich sind.

Zaunsysteme

Grundsätzlich unterscheidet man zwischen Festzaun und mobiler Einfriedung. Bei der Wahl des Zaunsystems sollten sowohl Lage, Funktion und Größe, Nahrungsangebot der Weidefläche als auch Aufenthaltsdauer und Besonderheiten wie Temperament oder Geschlecht der jeweiligen Weidetiere bedacht werden. So benötigen Hengste, Fohlen führende Stuten und lauffreudige Rassen oder Jungtiere stets eine feste Einzäunung. Auch besonders gefährliche Standorte wie zum Beispiel an einer viel befahrenen Straße sowie sehr kleine Flächen sollten stabil und sicher eingezäunt werden. Besitzt man eine eigene Weide oder hat eine Weide langfristig gepachtet, sollte man zumindest für die äußere Umgrenzung ebenfalls einen Festzaun wählen. Für die Unterteilung innerhalb der Weidefläche genügt in der Regel ein Mobilzaun mit Stecksystem, den man flexibel versetzen oder zum Zweck der Weidepflege vorübergehend ganz entfernen kann. Auch für Flächen mit ausreichendem Nahrungsangebot, die nur kurzfristig zum Abgrasen genutzt werden, ist im Allgemeinen eine mobile Einzäunung zu verantworten.

Als Materialien werden unter anderem Holz, Kunststoff, Metall, Elektroband beziehungsweise -seil und Förderbandgummi angeboten, die sich im Hinblick auf Anschaffungskosten, Aufwand für Montage und Instandhaltung, Eignung, Sicherheit sowie weiteren Kriterien wie Haltbarkeit, Entsorgung und anderes unterscheiden. Genaueres kann in der Tabelle 10 „Zaunsysteme im Vergleich" nachgelesen werden.

Der Holzzaun

Der traditionelle Holzzaun bietet zwar eine hohe Hütesicherheit, ist jedoch aufwendig zu montieren. Seine Haltbarkeit hängt von der Holzqualität ab. Zaunprodukte aus Kunststoff sind sicher, lange haltbar und pflegeleicht, aber verhältnismäßig teuer in der Anschaffung. Pferdezäune aus Metall zeichnen sich ebenfalls durch eine lange Haltbarkeit insbesondere in Verbindung mit Stahl- oder Steinpfosten aus. Der Montageaufwand ist jedoch extrem hoch. Vorgefertigte Zaunelemente aus oberflächenbehandelten Stahlrohren, so genannte Panels, sind sehr einfach zu montieren, da keine Pfosten in die Erde eingebracht werden müssen. Außerdem sind sie flexibel versetzbar. Allerdings sind Panels

Weidezäune aus verschiedenen Materialien (Kunststoff, Panels, Gummigurtband, mobiler E-Zaun)

An Stacheldraht können sich Pferde schwer verletzen.

wegen ihrer hohen Kosten nur für kleine Flächen oder als Weidetor geeignet. Preisgünstig und haltbar ist ein Weidezaun aus Gummigurtband. Da diese Zaunart aber hinter jedem Eckpfosten mittels Traktor oder Flaschenzug gespannt werden muss, ist die Installation mit erheblichen Mühen verbunden. Außerdem muss das Gurtband von guter Qualität sein, da es sonst rasch spröde wird und frei liegende Gewebeteile speziell von Fohlen angeknabbert werden. Beim Verzehr können Verstopfungen und Koliken auftreten. Der Elektrozaun stellt eine praktische und kostengünstige Alternative dar. In Verbindung mit festen Holz-, Kunststoff-, Recycling- oder Timberpfosten sind Elektrobänder oder Elektroseile als Festzaun beziehungsweise mit Steckpfosten als Mobilzaun zu installieren. Allerdings ist die Hütesicherheit beim Elektrozaun nur gegeben, wenn die Stromführung einwandfrei funktioniert. Die Stromspannung sollte – um eine sichere Stromstärke zu gewährleisten – mindestens 2.000 bis 3.000 Volt betragen. Als besonders ausbruchsicher und verletzungsarm haben sich in der Praxis vor allem Zäune bewährt, die eine gute Erkennbarkeit, mechanische Festigkeit und eine psychologische Abschreckung in sich vereinen, also beispielsweise eine Kombination aus Holz und Elektroseil.

Wegen der hohen Verletzungsgefahr sind Stacheldraht, dünner Metalldraht sowie Schafsdraht (beziehungsweise Maschendraht) für Pferde gänzlich ungeeignet! Grasen Schafe mit auf der Pferdeweide, sollte man anstatt Knotengitterdraht besser Elektrobänder verwenden, die in geringen Abständen und Höhe gespannt werden. Auf Rinderweiden mit Stacheldraht muss auch bei kurzfristiger Nutzung (zum Beispiel im Spätherbst) ein mobiler Elektrozaun vorgespannt werden.

Weidepferde ausreichend versichern!

Ausbrechende Pferde können nicht nur Flurschäden, sondern auch große Sach- und sogar folgenschwere Personenschäden (wenn sie zum Beispiel auf die Straße laufen) verursachen. Eine Haftpflichtversicherung für jedes Weidepferd sollte darum selbstverständlich sein. Nicht alle Haftpflichtversicherungen schließen allerdings den Weidegang mit ein (prüfen!). Einige Versicherungsgesellschaften bieten auch eine preiswerte Weideversicherung für nicht gerittene Pferde (zum Beispiel Zuchtstuten) an. Fohlen sind im ersten Lebensjahr bei der Mutterstute mit versichert.

Tabelle 10: Zaunsysteme im Vergleich

Kriterium	Elektrozaun		Kunststoffzaun		Holzzaun		Metallzaun		Gummizaun	Timber-Festzaun
	mobil	Fest	PVC neu	recycelt	Natur	imprägniert	Rohr	Panels		
Anschaffungskosten ohne Montage/ ohne Tore (pro Meter Zaun in Euro[a])	1,00 – 1,50	2,00 – 4,00	zirka 25,00	18,00 – 20,00	5,00 – 10,00	10,00 – 15,00	–	50,00 – 60,00	8,00 – 11,00	2,00 - 5,00
Haltbarkeit bis Verrottung (Jahre)	mind. 5	mind. 5[b]	bis 20[c] bis 100[d]	Fichte 3 Lärche 5	mind. 5	bis 20	bis 20	mind. 20	mind. 5 (Holzpfosten) mehr als 5 (Steinpfosten)	10–30[d]
Aufwand Montage	gering	mittel	mittel – hoch[g]	mittel – hoch[g]	hoch	hoch	sehr hoch	gering	sehr hoch	gering - mittel
Aufwand Demontage nach Verrottung	mittel	gering	mittel – hoch[g/e]	mittel – hoch[g/e]	mittel	mittel[e]	hoch, Trennschliff	gering	je nach Pfosten mittel – hoch	gering (Draht) mittel (Elektroseil, Breitband)
Aufwand Instandhaltung	mittel	mittel – hoch	sehr gering	sehr gering	mittel – hoch	mittel	mittel – gering	sehr gering	mittel (Holzpfosten) gering (Steinpfosten)	gering
Ausbruchsicherheit	gering	mittel	mittel – hoch	mittel – hoch	hoch	hoch	hoch	hoch	mittel	gering – mittel
Sichtbarkeit	mittel	mittel – gut	gut	gut	gut	gut	gut	gut	gut	mittel – gut (Breitband) schlecht (Draht, Elektroseil)
Verletzungsrisiko	gering	mittel	mittel – gering	mittel – gering	mittel[h] – hoch	mittel[h] – hoch	gering[h] – hoch	sehr gering	sehr gering – hoch[h]	gering (Breitband) hoch (Draht)
Schwachpunkte und Schwachstellen (erste Schäden/ Verrottung)	Kunststoffpfosten Bruch Strom führende Leiter/ Kunststoffe	Isolatoren Pfosten Bruch Strom führende Leiter/ Kunststoffe	Materialfehler	Materialfehler	Verrottung Pfosten/ Querriegel Verbiss Rost an Nägeln	Verrottung Pfosten im Boden Rost an Nägeln	Durchrosten Schweißverbindungen	gering Schweißverbindungen	Pfosten (Holz) Verbindung Gummi-Pfosten und Materialfehler	Schrauben Krampen

Eignung/Standort

Feuchtwiesen/hoher Grundwasserstand	gut Kunststoffpfosten	gut	gut	gut	kaum geeignet	nicht geeignet	mittel	gut	gut (abhängig von Pfosten)	gut
bindige Böden (Lehm/Ton)	gut	gut[f]	schwierig[f]	schwierig[f]	gut[f]	gut[f]	gut[f]	gut	schwierig[f]	gut
sandige Böden	gut	gut	gut	gut	gut	gut	gut	gut	gut	gut
Eignung für Hengste[i]	nein	bedingt ja	bedingt ja	bedingt ja	ja	ja	ja	ja	bedingt ja	nein
Eignung für Stuten mit Fohlen	nein	bedingt ja	ja	bedingt ja	ja	ja	ja	ja	bedingt ja	nein
Eignung für Kleinpferde	bedingt ja	ja	ja	ja	ja	ja	ja	ja	bedingt ja	bedingt ja

a Pfostenabstände 2,50–3,00 m, 3 Querriegel, Höhe 1,50–1,60 m
b Abhängig von der Wahl der Pfosten (Holz, natur/imprägniert, Kunststoff, Stein, Beton, Stahl und so weiter)
c Garantieerklärung der Hersteller
d Angaben der Hersteller
e Sondermüllentsorgung
f rammbare Pfosten: gut; Pfosten, die eingegraben werden müssen: schwierig
g bei Kunststoff-Holzpfosten, die mit Sand/Beton gefüllt werden müssen beziehungsweise gefüllt sind (Stabilität)
h bei beschädigten/verrotteten/korrodierten Querriegeln (Gummigurtband/Holz/Stahl)
i größere Höhen des Zauns

Grasen Pferd und Pony gemeinsam, muss der Weidezaun drei Querverbindungen haben.

Grundsätzliches zum Zaunbau

Vor dem Bau eines Zaunes muss man sich beim zuständigen Bauamt erkundigen, ob die Einzäunung auf der dafür vorgesehenen Fläche überhaupt erlaubt ist. Denn in einigen Gebieten sind Zäune nur für gewerbliche Zwecke (zum Beispiel Landwirtschaft) zulässig. Teilweise sind Zäune auch genehmigungspflichtig oder unterliegen speziellen Vorschriften, was die Zaunart und -höhe angeht. Auch einige Versicherungsgesellschaften stellen bestimmte Ansprüche an den Weidezaun, wie zum Beispiel verriegelbare Weidetore. Ferner muss der Grenzabstand zu anderen Grundstücken mindestens 1 Meter betragen.

Der Weidezaun soll je nach Größe der Pferde zwischen 1,30 und 1,50 Meter hoch sein. Als Faustregel gilt, dass die oberste Querverbindung, also Querstange oder -band, auf Widerristhöhe abzüglich zirka 10 Prozent angebracht werden sollte. Die Querverbindung darunter sollte in Brusthöhe der Pferde liegen. Sind Pferde unterschiedlicher Größe auf derselben Weide, müssen unbedingt drei Querverbindungen angeordnet werden, um das Hindurchschlüpfen der kleineren Pferde zu verhindern. Der Abstand der untersten Querverbindung vom Erdboden darf hierbei 60 Zentimeter nicht unterschreiten.

Hat man sich für Elektroband entschieden, ist außerdem zu bedenken, dass hohe Gräser und möglicher Randbewuchs den Stromfluss beeinträchtigen können. Ferner sollte man aus Sicherheitsgründen den Zaun in den Ecken abrunden, was auch die Arbeit mit dem Traktor erleichtert. Die einzelnen Teile des Zauns (Pfähle, Stangen) sollen keine scharfen Kanten haben. Nägel dürfen nur von innen nach außen angebracht und müssen so eingeschlagen werden, dass die Nagelspitzen nicht herausragen.

Da feste Zaunpfähle zu etwa ein Drittel ihrer Länge eingegraben werden, müssen sie eine Länge von 1,80 bis 2,25 Meter aufweisen. Der Pfahldurchmesser sollte mindestens 12 Zentimeter betragen. Die Pfähle müssen mindestens 50 Zentimeter in den Boden eingerammt werden. Der Abstand zwischen den Pfosten soll 2,50 bis maximal 4,00 Meter betragen. Eck- und Torpfosten müssen besonders massiv und stabil sein und sollten deshalb (besonders bei Bandzäunen mit hohen Zugkräften) mindestens 70 Zentimeter in den Boden eingegraben werden. Gegebenenfalls sind bei Eckpfählen zusätzliche Querversteifungen notwendig.

Zum Bohren der Löcher kann man auf kleineren Weideflächen einen Handbohrer benutzen. Für größere Weiden ist es jedoch besser, einen Landwirt mit Traktor und maschinell betriebenem Erdbohrer zu beauftragen.

Imprägniertes Holz im Weidezaunbau?

Salz- und vor allem teerölhaltige Holzschutzmittel gefährden die Gesundheit und belasten die Umwelt. Deshalb sollte man möglichst länger haltbare, naturbelassene Hölzer wie Eiche, Lärche oder Harthölzer wie das Australische Timberholz aus kontrolliertem Anbau (kein Tropenholz) verwenden. Nicht imprägnierte Hölzer wie Fichte oder Kiefer verrotten jedoch innerhalb weniger Jahre. Bei diesen Holzarten sollten zumindest die Pfosten kesseldruckimprägniert sein, da sie sonst im feuchten Erdreich durchfaulen (nicht überall erlaubt!). Auf teerölimprägniertes Holz (zum Beispiel Eisenbahnschwellen, Telegrafenmasten) sollte man wegen seiner Krebs erzeugenden Inhaltsstoffe jedoch am besten ganz verzichten.

Die Weidetore müssen stabil und leicht zu bedienen sein sowie möglichst nicht in einer Ecke liegen. Außerdem sollten sie eine Mindestbreite von 3 Meter aufweisen, sodass ein Traktor mit Geräten bequem passieren kann.

Rammt man Eckpfosten nicht tief genug, können sie sich leicht verbiegen.

Weidetore sollten breit genug und verschließbar sein.

Um das Herausrutschen von einfachen Holztorstangen zu verhindern, sollte man ein Loch durch die Stangen bohren und sie mit einem Stahlstift in der Halterung fixieren. Eine gute – wenn auch etwas aufwendige – Idee ist das Doppeltor. Hierbei wird in einem Abstand von zirka 4 bis 6 Meter ein zweites Weidetor errichtet. Der Raum zwischen den beiden Toren dient dann als Sicherheitsschleuse, falls mal ein Pferd beim Öffnen des ersten Tores entwischen sollte. Das Doppeltor ist ideal für Pensionsweiden, wo meist immer nur ein Pferd von der Wiese geholt wird.

Beim Elektrozaun sollten nur Torgriffe mit ummantelten Federn verwendet werden. Denn so genannte Spiralfedern gefährden Pferde, die sich mit ihren Schweifen darin verfangen und in Panik geraten.

Bei Pferdeweiden, die nicht ständig überwacht werden können, sollte man die Tore mit einem Schloss sichern oder unter Strom setzen. Alarmanlagen oder Bewegungsmelder sind jedoch nur auf Pferdeweiden in Hofnähe sinnvoll. Entsprechende Warnschilder halten Passanten ab, die Weide zu betreten oder die Pferde zu füttern.

Auch Abstandhalter mit Elektrolitzen erfüllen diesen Zweck und schützen Holzzäune zudem vor Verbiss durch die Pferde. Grundsätzlich gilt jedoch: Auch der beste Zaun ist nur dann verletzungs- und hütesicher, wenn man seine Funktion regelmäßig überprüft und etwaige Schäden beziehungsweise Schwachpunkte unverzüglich repariert oder beseitigt.

Weidehütten und Unterstände

Weidepferde benötigen einen effektiven Witterungsschutz, den jedes Tier unabhängig von seiner Rangordnung bei Bedarf jederzeit aufsuchen kann. Schlechte Witterung heißt nicht nur Kälte, Regen und starker Wind, sondern auch extreme Sonneneinstrahlung und Hitze. Breitkronige Bäume spenden zwar Schatten und dichte Hecken sind ein guter Windschutz, doch gegen Nasskälte, seitlich einfallende Niederschläge sowie hohes Insektenaufkommen helfen nur dreiseitig geschlossene Schutzhütten.

Ein Weideunterstand muss prinzipiell dem jeweiligen Pferdebestand angeglichen sein, das heißt so bemessen werden, dass sich alle, auch rangniedere Tiere unterstellen können, ohne in Bedrängnis zu geraten. Dabei sollten Unterstände eine Mindesthöhe von 2,50 Meter aufweisen und die offene Seite immer eine lange Seite sein. Seitenwände sollten stets gegen die Hauptwindrichtung (West/Nordwest) angebracht werden. Außerdem sollten Hütten oder Unterstände grundsätzlich nicht in Mulden oder Talsenken aufgestellt werden (drohende Bodenfeuchte, im Sommer stickig, im Winter Kälteloch), sondern auf höher gelegenen Flächen. Hier herrscht sowohl ein besseres Gesamtklima als auch ein naturgegebener trockener Boden.

Das Aufstellen baulicher Anlagen in freien Außenbereichen unterliegt prinzipiell bestimmten baurechtlichen Einschränkungen. Keiner Baugenehmigung bedürfen lediglich land- oder forstwirtschaftlich genutzte Gebäude, wenn sie dem vorübergehenden Schutz von Weidetieren dienen sowie den Vorgaben der länderspezifischen Bauordnungen bezüglich Firsthöhe (Dachhöhe) und umbautem Rauminhalt entsprechen. Ferner sind sowohl feste als auch mobile Unterstände in Natur-, Landschafts- und Wasserschutzgebieten nicht oder nur bedingt erlaubt. Weitere Einschränkungen ergeben sich aus dem Straßenrecht. Hiernach dürfen außerhalb von Ortschaften an Bundesautobahnen im Bereich bis 40 Meter, an Bundes- und Landstraßen bis 20 Meter sowie an Kreis- und Gemeindestraßen bis 15 Meter keine Unterstände errichtet oder aufgestellt werden.

Feste Hütten

Feste, mit Fundamenten errichtete Weidehütten in Außenbereichen sind immer genehmigungspflichtig, wenn sie nicht zu einem land- oder forstwirtschaftlich anerkannten Betrieb gehören. Hierzu stellt man zunächst eine Bauvoranfrage beim zuständigen Bauamt. Verläuft diese positiv, stellt man einen Bauantrag mit Lageplan (Maßstab 1:1.000), Bauskizze (1:100), genauer Beschreibung von Nutzung und Vorgehen sowie eventueller Nachweise bestimmter Auflagen (zum Beispiel Statik, Brandschutz, Abwasser). Da Ämter in der Regel gründlich und lange (!) prüfen, muss man sich auf entsprechende Wartezeiten einstellen.

Feste Schutzhütten können als fertige Bausätze erworben und installiert werden. Man kann aber auch einen Schreiner beauftragen (Kostenvoranschlag geben lassen!) oder bei genügend handwerklicher Begabung selbst bauen. Wichtig ist, dass die Weidehütte stabil

In einer Weidehütte sollten alle Pferde Platz haben.

Der Bau von festen Hütten ist meistens genehmigungspflichtig.

ist und aus unbedenklichen sowie verletzungsarmen Materialien besteht. Das Dach sollte nach hinten hin abfallen (Pultdach), damit das Regenwasser an der Rückseite abfließen kann und nicht den Eingangsbereich matschig macht. Nach vorne ist ein Überstand des Daches (Vordach) einzuplanen. Eine Wand- oder Dachisolierung ist bei einer Nutzung von April bis Oktober in der Regel nicht erforderlich. Die offene Seite kann bei Bedarf mit Fliegen- oder Streifenvorhängen winddicht beziehungsweise insektensicher gemacht werden.

Mobile Unterstände

Mittlerweile bietet der Markt eine Vielzahl von mobilen Weidezelten, transportablen Weidedächern und fahrbaren Weidehütten an. In der Regel kommt es zu keinen Aufstellungsproblemen von mobilen Unterständen, sofern diese nicht überwiegend ortsfest und als Gebäudeersatz genutzt werden, die Landschaft nicht verunstalten, den einzelnen Landesbauordnungen entsprechen sowie im Rahmen eines landwirtschaftlichen Betriebes (Pensionspferdehaltung, Pachtweide) geführt und angezeigt werden. Prinzipiell sollte man sich jedoch vor dem Kauf und Aufstellen mobiler Weideeinrichtungen bei den zuständigen Behörden informieren, damit man nicht im Nachhinein unangenehme Überraschungen erlebt.

Fahrbare Weidehütten haben eine einziehbare Achse mit zwei Rädern, die über ein Rahmentragwerk mit einer Anhängevorrichtung verbunden ist. Die Seitenwände bestehen aus verleimten Sperrholzplatten, das Dach aus Trapezprofilblechen. Besitzt die Weidehütte eine Kfz-Zulassung, gilt sie als Pkw-Anhänger und kann genehmigungsfrei abgestellt werden. Fahrbare Weidehütten gibt es in verschiedenen Ausführungen und Größen von 3,00 x 2,50 Meter bis 9,00 x 3,00 Meter (Länge x Breite) als Bausatz oder fertige Einheit.

Transportable Weidedächer bestehen aus vier Stützen, Trapezblechdach sowie verzinkten Leisten beziehungsweise Querverbindungen und Bodenhülsen, die in die Erde eingebracht und mit den Stützen verschraubt werden. Zum Teil werden Weidedächer mit Wind- oder Fliegenschutznetzen angeboten, die an den beiden kurzen Seiten und der Rückseite eingezogen werden. Auch die Weidedächer sind in verschiedenen Abmessungen auf dem Markt (2,50 x 3,00 Meter, 3,00 x 5,00 Meter und ab 4,00 x 4,00 Meter).

So genannte Beschattungsnetze aus UV-stabilisiertem HD-Polyester, die mit Gurtbändern und elastischen Schlaufen an den oberen Enden von vier Stützen montiert werden, zählen ebenfalls zu den Weidedächern. Die Netze, die allerdings nur zum Schattenspenden bei Sonneneinstrahlung einsetzbar sind, sind in den Maßen 4,50 x 4,00 Meter und 6,00 x 4,00 Meter erhältlich.

Mobile Weidezelte sind in den verschiedensten Ausführungen und Maßen als Viereck (4,00 x 4,00 Meter und 6,00 x 6,00 Meter), als Rechteck (3,00 x 6,00 Meter, 2,80 x 5,00 Meter, 4,00 x 2,00 Meter und 6,00 x 3,00 Meter) oder als Sechseck (Durchmesser zirka 9,70 Meter) erhältlich. Allen gemeinsam ist ein Tragwerk aus verzinkten Stahl- oder Aluminiumrohren mit Durchmessern von 35 bis 60 Millimeter, die zusammengesteckt und verschraubt werden. Die Stützen werden im Boden mit Erdnägeln verankert. Dach und zusätzlich einziehbare Seitenwände bestehen aus reißfesten Kunststoffplanen.

Die Sechseckpavillons eignen sich auch für größere Pferdegruppen und können als überdachter Futterplatz dienen, wenn man eine Rundraufe in der Mitte platziert.

Allerdings sind leichte Aluminiumkonstruktionen insbesondere mit eingezogenen Seitenplanen nicht sturmfest. Das gilt vor allem für die eigentlich nicht für Pferde geeigneten Gartenpavillons, die zudem leicht verbiegen, knicken und deren dünne Planen schnell reißen. Deshalb sind diese Leichtbaupavillons bestenfalls als provisorische Notlösung zum Unterstellen von Weidepferden zu gebrauchen und müssen mit Pfosten oder Zeltheringen zusätzlich gesichert werden.

Schließlich bietet der Markt mobile Boxenställe und Weidehütten in verschiedenen Abmessungen (ab 3,00 x 3,60 Meter) aus verzinkten Stahlpanels mit Dachkonstruktionen und Dachplane an, die ebenfalls leicht versetzbar und aufgrund ihres Eigengewichts relativ windunempfindlich sind.

Insgesamt ist es ratsam, auf gute Qualität, eine stabile und erweiterbare Ausführung sowie nachlieferbare Ersatzteile zu achten.

Eine fahrbare Weidehütte mit Vordach

Viereckiges Weidezelt und Schattenspender

Überdachte Raufutterraufen sind für die Weide ideal.

Zufütterungs- und Tränkevorrichtungen

Rau- oder Zusatzfutter muss auch während der Weidesaison bereitgestellt und für jedes Pferd zugänglich sein. Auch muss Pferden auf der Weide zu jeder Zeit frisches und wohltemperiertes Wasser (um 10 Grad Celsius) zur Verfügung stehen.

Raufen, Fressstände, Futtertröge

Zur Vergabe von Heu und Futterstroh sind Viereck- oder Rundraufen in feuerverzinkter, robuster Stahlbauweise ideal. Diese Raufutterraufen sind in verschiedenen Größen von acht bis 16 Fressplätzen mit und ohne Überdachung lieferbar. Spezielle Sicherheits- oder abgerundete Palisadenfressgitter gewährleisten eine gefahrlose Futteraufnahme. Durch Anbaurahmen oder als zerlegbare Raufen können diese Futtervorrichtungen mit dem Traktor oder im Kombi-Pkw von einer Weide zur anderen transportiert werden.

Eine kostengünstigere Variante sind große, schwere Fahrzeugreifen (am besten Traktorreifen), die man zudem mittels vier runder, stabiler Pfosten und einem ausreichend großen, an den Ecken abgerundeten Brett mit Dachpappe überdachen kann.

Raufutternetze sind nur dann angebracht, wenn sie so aufgehängt werden können, dass sie etwa in Augenhöhe (nicht höher oder tiefer!) und so weit auseinander hängen, dass es nicht zu Futterneid insbesondere im Weideunterstand kommt. Raufutter einfach auf dem Weideboden anzubieten ist dagegen keine gute Alternative, da es dort schnell verschmutzt, nass werden und verschimmeln kann. Auch die Futterverluste sind mit dieser Zufütterungsmethode sehr hoch. Bleibt jedoch keine andere Möglichkeit, müssen zumindest aller Futterreste täglich entfernt und die Futterplätze häufig gewechselt werden.

Besitzt man einen ausreichend großen Weideunterstand und ist der Pferdebestand klein, können so genannte Fressstände zur Vergabe von Zusatz- und gegebenenfalls Kraftfutter installiert werden. Hierzu werden im Abstand von zirka 80 Zentimeter mit massiven Bohlen oder Rundhölzern Trennwände errichtet, die so zusammengefügt sein müssen, dass sich die Pferde weder sehen, beißen noch treten können. Die Futtervergabe erfolgt von vorne in festgeschraubten oder eingehängten Futtertrögen. Allerdings sind Fressstände für Fohlen führende Stuten nicht geeignet, da der Nachwuchs eventuell versucht, mit der Mutter in den Fressstand zu gelangen. Hier wären Verletzungen vorprogrammiert!

Wo der Bau von Fressständen nicht möglich ist, sind umhängbare Futtereimer eine gute Alternative. Hierzu werden die Metallhenkel stabiler Eimer entfernt und durch Lederriemen oder Gurtbänder ersetzt. Diese weichen Ersatzhenkel müssen an jeden Pferdekopf individuell angepasst und so angebracht sein, dass das Pferd den Eimer nicht abstreifen, aber problemlos sein Futter erreichen kann. Damit kein Futterneid aufkommt, sollten die Eimer erst wieder vom Kopf gestreift werden, wenn alle Pferde aufgefressen haben.

Weidetränken

Frisches, einwandfreies Tränkewasser ist für Weidepferde lebensnotwendig und muss jederzeit zur Verfügung stehen. Pferde benötigen durchschnittlich 30 bis 50 Liter täglich. Bei laktierenden Stuten erhöht sich der Bedarf auf 70 Liter am Tag.

Liegt die Weide in Hof- oder Stallnähe, kann eine Wasserleitung in frostsicherer Tiefe (mindestens 60 Zentimeter) verlegt werden, die an eine pferdegerechte, leicht bedienbare Selbsttränke angeschlossen wird. Notfalls reicht auch ein überirdisches Schlauchsystem, das allerdings nicht frostsicher ist und im Herbst eingeholt werden sollte. Benutzt man zum Tränken Behälter, müssen diese unbedingt in den Ecken abgerundet, rost- und splitterfrei sein sowie nicht umkippen dürfen. Ferner sollten die Wasserbehälter regelmäßig gereinigt und das Wasser möglichst täglich erneuert werden. Denn lauwarmes, mit Futterresten, Algen und vor allem Kot verunreinigtes oder gefrorenes Wasser kann die Gesundheit der Pferde beeinträchtigen.

Stehendes Wasser und Matsch sind zudem Brutstätten vieler Mückenarten. Deshalb sollte die unmittelbare Umgebung um das Tränkebecken trocken gehalten werden, am besten mittels spezieller und wasserdurchlässiger Kunststoffmatten, die unter einer Tretschicht aus Sand oder Rundkies verlegt werden.

Eine Alternative zur Wasserleitung sind fahrbare Weidefässer aus Stahl oder Fiberglas mit Anbauselbsttränke. Das Fassungsvolumen der Weidefässer muss dem Pferdebestand angepasst werden und das Wasser ist alle drei Tage zu erneuern. Die Wasserfässer müssen unbedingt verletzungsfrei sein und dürfen keine scharfen Kanten haben. Am besten, man posti-

Transportable Futterkrippen sind eine Fütterungsalternative, wenn man Weidepferde beim Fressen beaufsichtigt.

Weidefass mit Selbsttränke

Natürliche Wasserquellen müssen unbelastet sein.

ert sie außerhalb der Einzäunung und schiebt nur das Selbsttränkebecken in die Weide (Vorsicht: Stahlfässer und Tränkebecken dürfen keinen Kontakt mit stromführenden Litzen haben!).

Befindet sich eine Quelle, ein Brunnen oder ein offener Wasserlauf auf der Weide, kann auch eine leichtgängige und pferdefreundliche Weidepumpe installiert werden, durch die sich die Tiere jederzeit selbst mit frischem Wasser versorgen können. Voraussetzung ist allerdings, dass die zuständige untere Landschaftsbehörde nichts gegen eine solche Nutzung einzuwenden hat und das Tränkewasser Trinkwasserqualität hat. Gutes Trinkwasser ist klar, farb-, geruch- und geschmacklos sowie frei von Krankheitserregern und Schadstoffen. Im Zweifel kann man eine Tränkwasseruntersuchung bei den Landwirtschaftlichen Untersuchungsanstalten der Länder durchführen lassen.

Eine einwandfreie Qualität des Wassers ist ebenfalls Bedingung, wenn natürliche Bachläufe oder Teiche zur Wasserversorgung auf der Weide genutzt werden. Zu gewährleisten ist allerdings, dass alle Weidetiere gefahr- und mühelos saufen können (Ertrinkungsgefahr von jungen Fohlen!). Deshalb – und zur Schonung des Ufergeländes – sollte man nur flache Teilstücke zugänglich machen und die anderen Bereiche sicher abzäunen. Außerdem ist in Gewässernähe stets mit einem erhöhten Insektenaufkommen zu rechnen.

Selbsttränkevorrichtungen prüfen

Jedes Weidepferd muss gelernt haben und in der Lage sein, Selbsttränke oder Weidepumpe zu bedienen. Tränkevorrichtungen müssen einwandfrei funktionieren. Bei einem Test sollte das Tränkebecken innerhalb von 20 bis 30 Sekunden randvoll mit Wasser gefüllt sein.

Weidehaltung

7

Weidehaltung entspricht am ehesten einer verhaltengerechten Unterbringung unserer Pferde. Denn neben der natürlichen Nahrungsaufnahme können auch die elementarsten Bedürfnisse nach Bewegung, Sozialkontakt, Außenreize sowie Licht und Luft befriedigt werden.

Weidehaltung bedeutet aber auch eine verantwortungsvolle Aufgabe für den Pferdehalter im Hinblick auf die unterschiedlichen Möglichkeiten der Weideführung und der Besonderheiten des Weidegangs. Auch Zufütterungs- und Pflegemaßnahmen von Weidepferden sowie mögliche Gefahren, die mit der Weidehaltung verbunden sind, müssen berücksichtigt werden.

Standweiden bieten genügend Bewegungsraum.

Verschiedene Formen der Weidenutzung

Abhängig von dem zur Verfügung stehenden Grünland sowie der Nutzung und der Bestandsgröße der Weidetiere bieten sich unterschiedliche Weideformen an, die sich hinsichtlich der Intensität von Beweidung und Weidepflege unterscheiden.

Stand-, Umtriebs-, Portions- und Mähweide

Unter Standweide versteht man eine nicht unterteilte Grünlandfläche, die während der gesamten Vegetationsperiode und zeitlich unbeschränkt zum Abgrasen freigegeben wird. Diese Form der extensiven Weideführung setzt jedoch sehr große Grünlandflächen (zirka 1 Hektar pro Großpferd) voraus, kommt aber der Pferdenatur am nächsten. Denn Standweiden bieten großzügige Laufflächen sowie eine artenreiche Vegetation, die wenig oder gar nicht gedüngt wird. Die Weidepflege erfolgt

Weidepaddocks sind keine Portionsweiden.

abschnittsweise. Aus der Sicht der Wirtschaftlichkeit ist es jedoch von Nachteil, dass auf einer Standweide keine Schnittnutzung möglich ist sowie auch erwünschte Weidepflanzen der Futterselektion zum Opfer fallen. Standweiden sind insbesondere für bewegungsfreudige Rassen, Zucht- und Aufzuchtpferde geeignet.

Eine intensivere Form der Weideführung ist die Umtriebs- oder Rotationsweide, bei der die gesamte Weidefläche in mehrere dem Pferdebestand angepasste Koppeln unterteilt wird. Die einzelnen Teilstücke werden je nach Futterangebot und Besatzdichte für ein bis maximal drei Wochen beweidet, bevor der Umtrieb auf ein anderes Teilstück erfolgt. Ist ein Teilstück abgegrast, wird es gepflegt und erhält eine Ruheperiode von mindestens drei bis sechs Wochen zum Nachwachsen. Rotationsweiden sind sehr zweckmäßig und deshalb in der Pferdehaltung weit verbreitet.

Um Bewegungsmangel vorzubeugen, sollten die einzelnen Weiden möglichst eine rechteckige Form haben, allerdings erhöhen sich die Trittschäden auf solchen Weideformen durch das Mehr an Bewegung der Pferde. Quadratische Formen schränken die Bewegung etwas ein, dafür sind die Trittschäden geringer. Zusätzlich erleichtert ein mittig oder seitlich angelegter Laufgang die Weideführung.

Die intensivste Form der Grünlandnutzung ist die Portionsweide. Hierbei wird den Pferden innerhalb eines fest eingezäunten Areals täglich oder alle zwei bis drei Tage durch einen versetzbaren Elektrozaun eine neue Fressparzelle zugeteilt. Die zugeteilten Parzellen müssen der Anzahl der Pferde entsprechen. Um einen zu starken Verbiss zu vermeiden, trennt ein zweiter Wanderzaun die bereits abgegraste Parzelle ab, auf der die notwendigen Pflegemaßnahmen durchgeführt werden können. Anschließend erhält diese Fläche eine mehrwöchige Nachwuchspause. Vorteile dieser Weideführung sind die genaue Portionierung des Grünfutters und die geringen Futterverluste. Von Nachteil ist das geringe Bewegungsangebot, das entsprechend ausgeglichen werden muss.

Nicht unter die Bezeichnung Portionsweide fallen übrigens kleine Weidepaddocks, die man vor allem in der Pensionspferdehaltung findet und die während der gesamten Vegetationszeit meist von einem oder zwei Pferden genutzt werden. Diese winzigen Standweiden sind in der Regel sehr schnell überweidet und mehr oder weniger als Auslauf, nicht aber als Nahrungsgrundlage anzusehen.

Flächenbedarf Weide

Bei extensiver Weidehaltung rechnet man zirka 1 Hektar, bei intensiver Weideführung etwa 0,5 Hektar pro Großpferd.
Beispiel: Auf einer intensiv bewirtschafteten Weidefläche von 2 Hektar, die in vier Teilabschnitte von je 0,5 Hektar unterteilt ist, kann man innerhalb der Vegetationszeit bei turnusmäßigem Weidewechsel und einer täglichen Weidezeit von etwa sechs Stunden 20 Ponys, zwölf Kleinpferde oder acht Großpferde halten. Ist die Weidezeit unbegrenzt, halbiert sich die Anzahl der Pferde auf zehn, sechs und vier; bei extensiver Weidehaltung ohne Teilabschnitte und zeitlicher Begrenzung sind es nur noch fünf, drei und zwei Ponys beziehungsweise Pferde. Allerdings sind das nur Richtwerte, die je nach Nutzung und Futterverwertung angepasst werden müssen! Bei leichtfuttrigen Ponys oder Kleinpferden beispielsweise kann die Bestandsdichte größer oder die Weidefläche kleiner sein, während bei schwerfuttrigen oder bei Zucht-, Aufwuchs- beziehungsweise Leistungspferden das Fläche-Bestandsdichte-Verhältnis entsprechend angeglichen werden muss. Auch sollte stets das Platzverhältnis bedacht werden, das heißt, dem einzelnen Tier muss genügend Bewegungs- beziehungsweise Ausweichfläche zur Verfügung stehen.

Als Mähweide bezeichnet man schließlich Grünland, das innerhalb der Vegetationsperiode zunächst zur Heu- oder Silagegewinnung genutzt wird und nach dem zweiten Aufwuchs zur Beweidung dient. Diese doppelte Nutzung ist sinnvoll, wenn das Grünland größer ist als die Bedarfsfläche des jeweiligen Pferdebestands. Auf diese Weise vermeidet man Futterverluste durch überständiges Gras. Günstig ist es, wenn man zur Mahd jedes Jahr ein anderes Grünlandstück nutzt. So werden die Grasnarbe der gesamten Weidefläche verbessert und die Ausbreitung von Unkraut und Weißklee eingedämmt.

Wechsel- und Mischbeweidung

Eine besondere Form der Weideführung ist die Vor-, Nach- und Mischbeweidung mit Wiederkäuern wie Rindern, Schafen und Ziegen. Zum einen schonen die Klauentritte die Grasnarbe und regen das Pflanzenwachstum an und zum anderen ergänzen sich die Tierarten, indem sie das Verwurmungsrisiko senken.

Rinder eignen sich vor allem zur Vorbeweidung im Frühjahr, weil sie die Grashalme weiter oben abfressen als Pferde. Schafe sind dagegen als Nachbeweider zu empfehlen, weil sie die Pflanzen stark verbeißen und bei kargem Bewuchs alle Reste verwerten.

Auch Ziegen können zur Nachbeweidung dienen. Im Unterschied zu Schafen kann man Ziegen anpflocken und braucht darum keine speziellen Zäune. Allerdings knabbern sie gerne an Bäumen und Sträuchern und sind sehr empfindlich gegen Kälte und Regen.

Eine Mischbeweidung ist jedoch nur möglich, wenn die Weide groß genug

Skizze: Verschiedene Formen der Weidenutzung

Standweide

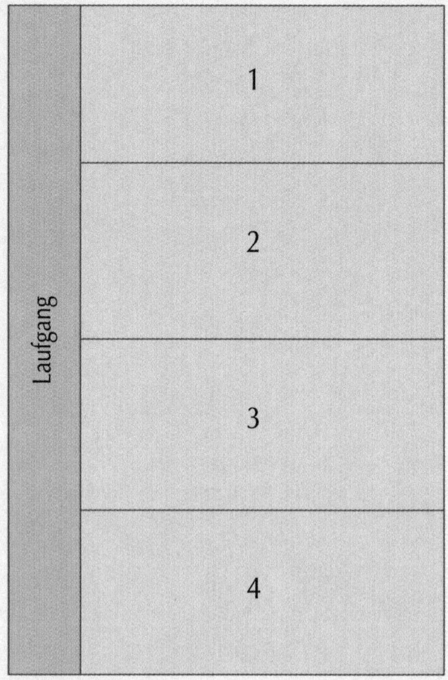

Umtriebsweide

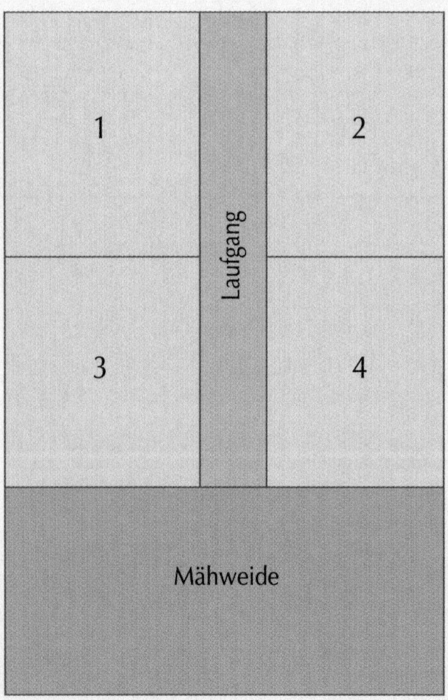

Umtriebsweide mit Mähweide

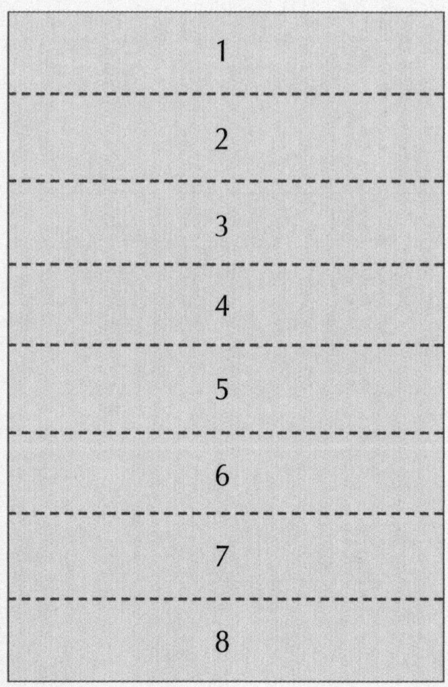

Portionsweide

ist, sodass sich die verschiedenen Tierarten aus dem Weg gehen können. Da Pferde in der Regel Wiederkäuern gegenüber dominant sind, kann es bei Platzmangel und Unverträglichkeiten gefährlich werden. Denn auch Rinder können austreten. Zudem ist die Übertragungsgefahr der Infektionskrankheit BSE von Rindern auf Pferde noch nicht restlos ausgeräumt. Schafe können dagegen Pferde mit dem Bornavirus anstecken und die Hörner der Ziegen stellen bei Streitigkeiten ein nicht geringes Verletzungsrisiko für die Pferde dar. Schließlich ist bei einer Mischbeweidung insbesondere mit Rindern mit einem erhöhten Insektenaufkommen (Fliegen, Bremsen, Stechfliegen) zu rechnen, die dann auch die Pferde heimsuchen.

In den meisten Fällen ist es daher besser, wenn Pferde und Wiederkäuer eine Grünfläche nicht gleichzeitig, sondern wechselweise beweiden. Der Kauf von Wiederkäuern sollte daher gut überlegt sein. Schließlich brauchen Rinder, Schafe oder Ziegen ebenfalls eine artgemäße Pflege, Fütterung und Unterkunft. Am besten ist es also, wenn man einen ansässigen Rinder- oder Schafzüchter zur Wechselbeweidung gewinnen kann. Der Kot der Wiederkäuer kann jedoch nicht von der Weide entfernt werden. Nach dem Verteilen beziehungsweise Verrotten fressen die Pferde das Gras aber ohne jegliche Abneigung.

Der Weidegang

Der Weidegang selbst sollte möglichst stets so gestaltet werden, dass es weder zu Über- noch zu Unterweidung kommt.

Rinder und Schafe eignen sich zur Wechselbeweidung.

Schlechtes Weidemanagement: links Unterweidung und rechts Überweidung

Eine Überweidung liegt vor, wenn die Fläche für den jeweiligen Pferdebestand zu klein ist oder die Weide zwischendurch keine Erholungsphase erhält. In diesem Fall kommt es zum Verbiss unter 5 Zentimeter, Kahlfraßstellen und vermehrten Trittschäden. Zu einer Unterweidung führen hingegen zu groß bemessene Weideflächen mit üppigem Grasbewuchs (meist im Frühjahr), den die Pferde nicht abfressen können und stattdessen zertreten und mit Exkrementen verunreinigen. Das überständige Gras verholzt und wird von den Pferden nicht mehr gefressen, was gleichzeitig hohen Futterverlust bedeutet.

Gutes Weidemanagement zeichnet sich dadurch aus, dass der Futterbedarf des jeweiligen Pferdebestands auf die jeweils zur Verfügung stehenden Weideflächen sowie deren Bewuchs abgestimmt wird und in einem ausgewogenen Verhältnis steht. Dieses Gleichgewicht erreicht man durch eine genaue Flächenberechnung sowie gegebenenfalls entsprechender Flächenaufteilung beziehungsweise zeitlich begrenztem Weidegang.

Sobald der Löwenzahn blüht, dürfen die Pferde auf die Weide.

Weideauftrieb, Umstellung auf den Weidegang

Weideauftrieb nennt man die Umstellung der Pferde von der winterlichen Stall- zu der sommerlichen Weidehaltung. Der richtige Zeitpunkt für den Weideauftrieb hängt sowohl vom Weidestandort und den Klimaverhältnissen als auch von der Zusammensetzung der Weidepflanzen und deren Aufwuchshöhe ab. Als grobes Richtmaß gilt jedoch eine Aufwuchshöhe von etwa einer Handbreit (zirka 10 bis 12 Zentimeter), wobei die Grasnarbe geschlossen sein soll und der Löwenzahn erste Knospen zeigt.

Die Gewöhnung an das junge, rohfaserarme Gras darf jedoch keinesfalls abrupt geschehen, sondern muss wie jede Futterumstellung allmählich erfolgen. Das tut man, indem man die Pferde anfangs nur höchstens 15 Minuten grasen lässt und die Weidezeit in einem Zeitraum von drei bis vier Wochen schrittweise auf vier bis sechs Stunden verlängert. Hat man nur wenige Pferde, kann das Anweiden zunächst an der Hand durchgeführt werden. Bei einem großen Pferdebestand kann die Gewöhnung an das frische Futter auch durch die Vergabe von Grassschnitt geschehen.

Um Verdauungsstörungen zu vermeiden, muss der Rohfasermangel durch die Zufütterung von Raufutter kompensiert werden. Da das strukturarme Frühlingsgras besonders schmackhaft ist, grasen viele Pferde gierig und maßlos, ohne allerdings den nötigen Sättigungseffekt zu spüren. Zu Fettleibigkeit und Hufrehe neigende Pferde müssen deshalb besonders vorsichtig angeweidet und dürfen niemals hungrig (Raufutter vor Weidegang geben) auf die Weide gelassen werden.

Ab Juni dürfen die Pferde dann ganztägig, auf mageren Extensivweiden auch Tag und Nacht auf die Weide. Auf intensiv bewirtschafteten Weiden mit üppigen, energiereichen Kulturgräsern (vor allem Weidelgras) sollte der Weidegang insbesondere für die oben genannten Risikogruppen jedoch immer örtlich und zeitlich begrenzt werden. Auch für Pferde, die nicht regelmäßig bewegt oder solche, die täglich zur sportlichen Leistung herangezogen werden, ist ein begrenzter Weidegang besser, während Zucht- und Aufzuchtpferde unbegrenzten Weidegang genießen können.

Wie viel Gras darf ein Pferd fressen?

In Freiheit lebende Pferde sind je nach Qualität des Grünfutters täglich zwischen zwölf und 16 Stunden mit der Futteraufnahme beschäftigt. Dabei grasen sie meist zwei bis vier Stunden hintereinander, legen dann eine einstündige Ruhepause ein und beginnen von neuem zu grasen. Auch nachts ruhen die Pferde nie länger als vier Stunden an einem Stück. Dieser Rhythmus entspricht in Verbindung mit der selektiven Futtersuche der natürlichen Nahrungsaufnahme der Pferde.

Auch unsere Hauspferde folgen im Grunde diesem Rhythmus von Grasen und Ruhen, wenn sie unbegrenzten Weidegang haben. Die energiereichen Kulturgräser unserer heutigen Pferdeweiden unterscheiden sich jedoch erheblich von den spärlichen Steppengräsern vergangener Zeit. Insbesondere für genügsame Robustpferderassen (zum Beispiel Norweger, Isländer, Shetlandpony), die in ihrer Heimat nur karge Graslandschaften vorfinden, sind die hiesigen mitteleuropäischen Weiden oft zu üppig. Ihrem Instinkt folgend grasen sie aber dennoch nicht weniger und werden dann vor allem bei gleichzeitigem Bewegungsmangel häufig zu dick. Für diese Pferde kommt also nur kontrollierter Weidegang oder Magerweide in Betracht.

Will man also die Frage beantworten, wie viel Gras ein Pferd fressen darf, so spielen Rasse, Futterverwertung, Nutzung sowie Aufwuchs und Qualität der Weidepflanzen eine entscheidende Rolle.

Nimmt man beispielsweise ein erwachsenes, gesundes und etwa 500 Kilogramm schweres Freizeitpferd mit durchschnittlicher Futterverwertung und leichter Bewegung an, so liegt sein Tagesbedarf an Grundfutter bei 7,5 Kilogramm Heu (= 1,5 Kilogramm pro 100 Kilogramm Körpergewicht) oder (bei einem Futterwertverhältnis von Heu zu Gras 3:1 bis 4:1) 25 bis 30 Kilogramm Gras. Auf einer üppigen Weide mit einer Aufwuchshöhe von zirka 20 Zentimeter benötigt dieses Pferd etwa sechs Stunden (oder zweimal drei Stunden), um diese Grasmenge aufzunehmen.

Dieses Rechenexempel soll aber nur zur Orientierung dienen. Hier muss wirklich von Pferd zu Pferd beziehungsweise von Bestand zu Bestand individuell berechnet und entschieden

Bei frostigem Wetter steigen die Fruktanwerte im Gras.

werden. Denn was für den Jährlings-Vollbluthengst gerade ausreicht, ist für die Fohlen führende Warmblutstute zu wenig, aber für den wenig oder gar nicht gerittenen Isländerwallach viel zu viel!

Weidegang im Winter

Spätestens Ende Oktober/Anfang November sollten die meisten Weideflächen zur Schonung der Grasnarbe in Winterruhe gehen. Einige Teilflächen, die dann im Frühjahr eine längere Ruhepause mit Nach- oder Neuansaat erhalten, kann man jedoch durchaus für den stundenweisen Weidegang im Winter abtrennen. Um Trittschäden zu vermeiden, sollte der Weideboden aber nicht zu nass sein. Auch den Pferden tut Daueraufenthalt im Matsch nicht gut (Mauke, Strahlfäule), sie wären auf dem trockenen, eventuell drainagierten Auslauf besser aufgehoben.

Bei gefrorenem Boden werden diese zertrampelten Winterkoppeln jedoch zu gefährlichen Stolperfallen. Jetzt kann man die Pferde auch mal auf die Sommerweide lassen, weil sie die Grasnarbe nicht schädigen können. Allerdings sollte man diese Form des winterlichen Weidegangs auf wenige Stunden am Tag begrenzen, da zu viel gefrorenes Gras den Pferden nicht zuträglich ist.

Deshalb sollten sie vor dem Weidegang bereits genügend Raufutter gefressen haben.

Auch bei einer geschlossenen Schneedecke dürfen die Sommerweiden kurzzeitig geöffnet werden. Pferde lieben es, sich im frischen Schnee zu wälzen oder sich auszutoben.

Später dösen sie dann meist und genießen die Wintersonne. Als Beschäftigung kann man einige (unbehandelte!) Weihnachtsbäume oder Fichtenäste zum Knabbern auf der Weide verteilen.

Rinderweiden als Nachweiden

Rinderweiden eignen sich nach dem Weideabtrieb im Herbst gut zum Nachweiden für Pferde, weil sie vieles von dem fressen, was die Rinder übrig gelassen haben. Vielleicht kann man auf einer solchen Weide seine Pferde noch einige Zeit lang grasen lassen (Landwirte fragen). Mit Stacheldraht eingezäunte Rinderweiden müssen jedoch immer in einem Mindestabstand von 1 Meter durch einen mobilen Elektrozaun abgespannt werden!

Zufütterung auf der Weide

Weidegras allein reicht in der Regel nicht aus, um Pferde vollwertig zu ernähren. Im Rahmen dieses Buches können jedoch nur allgemeine Hinweise zur Weidefütterung gegeben werden. Über eine bedarfsgerechte Fütterung von Pferden sollte sich der Pferdehalter durch entsprechende Seminare oder weiterführende Literatur informieren.

Wie schon mehrfach erwähnt, ist die Zufütterung von Raufutter zur Gewöhnung an das strukturarme Frühlingsgras unbedingt erforderlich. Wenn im Lauf der Vegetationsperiode (etwa ab Juni) das Weidegras rohfaserhaltiger wird, kann die Raufuttervorlage nach und nach heruntergefahren beziehungsweise eingestellt werden. Gutes Futterstroh sollte den Weidepferden aber immer zur Verfügung stehen.

Wenn es im Hochsommer durch eine längere Trockenperiode zur vorübergehenden Futterknappheit kommt, muss dieser Zeitraum ebenfalls durch die Vorlage von Heu überbrückt werden. Diese Maßnahme dient auch der Vermeidung von gefährlichen Sandkoliken, die entstehen können, wenn die Pferde das Gras bis auf die Wurzel abfressen und dabei Erd- und Sandkörner aufnehmen.

Im Herbst stellt sich eine ähnliche Situation wie im Frühjahr dar, denn der Grasnachwuchs im September/Oktober ist wiederum relativ rohfaserarm, wenn auch nicht mehr so gehaltvoll wie bei Beginn der Vegetationsperiode. Eine allmähliche Steigerung der Raufuttergabe bereitet die Pferde auf den Übergang von der Weide- zur Stallfütterung vor, der sich genauso schrittweise vollziehen muss wie die Umstellung von der Winter- auf die Sommerfütterung. Bei begrenztem Weidegang muss die fehlende Grundfuttermenge durchweg mit der Zufütterung von Heu ausgeglichen werden.

Im Unterschied zu Raufutter soll Kraftfutter nur leistungsorientiert zugefüttert werden. So benötigen zur täglichen Leistung herangezogene Sportpferde immer auch Kraftfuttergaben, zumal diese Pferde in der Regel nur stundenweisen Weidegang haben. Auch hochträchtige oder laktierende Zuchtstuten brauchen je nach Qualität des Weidegrases zusätzlich Kraftfutter, während wenig oder gar nicht gerittene Pferde genügsamer Rassen von April bis Oktober auch ohne Kraftfutter auskommen.

Strukturreiches Raufutter brauchen Weidepferde vor allem im Frühjahr.

Lecksteine in Kunststoffschalen haben sich auf der Weide bewährt.

Hingegen muss die Zufuhr von Natrium in Form eines Salzlecksteins den Weidepferden jederzeit zur Verfügung stehen. Auch die Versorgung mit Mineralstoffen und Spurenelementen ist durch Weidegras allein in der Regel nicht sichergestellt. In vielen Fällen stimmt das Calcium-Phosphor-Verhältnis nicht und wichtige Spurenelemente wie Kupfer (Knochenaufbau), Zink (Hautstoffwechsel) und Selen (Muskel- und Sehnenfunktion) sind trotz bedarfsgerechter Mineraldüngung und Kräutervielfalt häufig unzureichend vorhanden. Ein so genannter Minerallecksteіn reicht als Zufütterung allerdings nicht, sondern es müssen zusätzliche Mineralfutterpräparate in Form von Briketts oder Pellets verabreicht werden.

Seltener kommt es zu einem Vitaminmangel. In Ausnahmefällen können jedoch lebenswichtige Vitamine auch bei einem regelmäßigen Weidegang fehlen (meist bei Zucht-, Aufzucht-, Sportpferden oder kranken beziehungsweise alten Tieren), die dann durch entsprechende Vitaminpräparate zugefüttert werden müssen.

Futter- und Blutuntersuchung

Um Fehlernährungen zu vermeiden, sollte man etwa alle zwei Jahre Gras- beziehungsweise Futterproben zu den Untersuchungsanstalten der Landwirtschaftskammern schicken und eine Analyse durchführen lassen. Bei dem Verdacht eines Mineral- oder Vitaminmangels einzelner Tiere gibt ein Blutbild (durch den Tierarzt) Aufschluss.

Pflege und Ausrüstung von Weidepferden

Pferde, die sich dauerhaft auf der Sommerweide befinden, benötigen nur ein geringes Maß an Körperpflege. Übermäßiges Putzen kann sogar nachteilig sein, weil man dann Talg- und Staubpartikel aus dem Fell entfernt, die das Weidepferd vor Nässe, Kälte und Insekten schützen. Aus diesem Grund sollte auch das Langhaar in seinem natürlichen Zustand belassen werden.

Lediglich verschmutzte After- oder verklebte Augenpartien sollten kontinuierlich gesäubert werden. Auch die Hufe müssen täglich kontrolliert, gegebenenfalls ausgekratzt und regelmäßig (alle vier bis acht Wochen) durch den Hufschmied/-pfleger bearbeitet werden.

Einen Großteil der Fellpflege übernehmen die Weidepferde durch Wälzen und gegenseitiges Beknabbern, der so genannten sozialen Fellpflege, selbst. Bewährt hat sich eine angebrachte Bürstenkonstruktion oder ein in die Erde gerammter, glatter Holzpfahl, wo sich die Pferde gefahrlos scheuern können.

Alle Ausrüstungsteile, die Pferde auf der Weide tragen, sollen möglichst kein Verletzungsrisiko in sich bergen. Wenn Weidepferde Halfter tragen, so müssen diese unbedingt individuell angepasst sein und weder zu locker noch zu fest sitzen. Völlig ungeeignet sind dünne Schnur- oder Knotenhalfter. Am besten sind spezielle Weidehalfter mit Klettverschlüssen, die sich im Notfall öffnen. Auch alle anderen Kopfstücke wie Fliegennetze oder Pferdemaulkörbe zur Einschränkung der Grasaufnahme beziehungsweise zur Vermeidung von Sandkoliken müssen exakt sitzen sowie mit Sollbruchstellen für den Ernstfall ausgestattet sein.

Ebenso sollen alle Decken, die Weidepferde zum Schutz gegen Insekten, Zugluft oder Niederschläge tragen, den entsprechenden Sicherheitsstandard mit Verschlüssen an Brust, Bauch und Schweif oder Hinterbeinen besitzen. Ferner dürfen Weidedecken die Bewegungsfreiheit nicht einschränken und müssen atmungsaktiv sowie wasserfest beziehungsweise schnell trocknend sein, damit es weder zu einem Wärmestau noch zu einer Unterkühlung kommt.

Um das Verletzungsrisiko bei Rangeleien auf ein Minimum zu reduzieren, sollten Weidepferde möglichst (zumindest hinten) nicht mit Eisen beschlagen sein.

Den Augen gelten beim Weidegang große Aufmerksamkeit.

Fliegennetze müssen exakt angepasst sein.

Gesundheitskontrolle und -vorsorge

Alle Weidepferde müssen mindestens einmal am Tag auf ihren Gesundheitszustand überprüft werden. Bei diesem Kontrollgang wird jedes einzelne Pferd auf seinen Allgemeinzustand sowie auf etwaige Wunden, Schwellungen, tränende Augen, Insektenstiche, eventuell kotverschmierte Schweife und auffällige Anomalien im Verhalten oder in der Bewegung untersucht. Liegende Pferde sollen zur Sicherheit immer aufgetrieben werden. Kleinere Malessen wie Schürfwunden oder eine leichte Bindehautentzündung kann der Pferdebesitzer mit Medikamenten aus der mitgebrachten mobilen Notapotheke selbst behandeln.

Inhalt Notapotheke

- Fieberthermometer, einfaches Stethoskop
- Verbandsstoffe, Bandage, Klebeband, Verbandsschere
- Nasenbremse
- Desinfektionsspray, Wundsalbe, Kühlgel, Augentropfen (Haltbarkeitsdatum beachten!)
- Bachblüten-Notfalltropfen bei Angst- und Schockzuständen (mit etwas vermischt in einer Einwegspritze direkt ins Maul geben)

Folgende Symptome sind jedoch prinzipiell bedenklich und gehören immer in die Hand des Tierarztes:

- tiefe, stark blutende Wunden sowie Wunden am Kopf oder Knochen/Gelenk
- starke Schwellungen an Kopf oder Beinen
- massive Verdauungsstörungen mit heftigem Durchfall oder Kotverhaltung sowie dunkelbrauner Urin
- Apathie oder übermäßige Unruhe
- häufiges Wälzen, starkes Schwitzen, Schweifschlagen, Kopfschütteln, Umdrehen oder Treten nach dem Bauch
- erhöhte oder verminderte Puls- und Atemfrequenz sowie jegliche Abweichungen von der Normaltemperatur
  Richt-PAT-Werte beim erwachsenen Pferd in Ruhe:
  Puls: 28–40 Schläge pro Minute
  Atmung: 8–16 Atemzüge pro Minute
  Temperatur: 37,0 – 38,2 Grad Celsius
- Nasenausfluss und Husten
- heftiges Kopfnicken
- Futter- oder Wasserverweigerung
- Speicheln, Muskelzucken, Krämpfe
- sämtliche Anomalien des Bewegungsapparates wie Lahmen, Tippeln, schleppender Gang, Taumeln, Schwanken, abnorme Körperstellungen sowie wenn das Pferd sich überhaupt nicht bewegt, häufig hinlegt und/oder gar nicht aufstehen will

In der Tabelle 11 sind die häufigsten Krankheiten beziehungsweise Verletzungen, die im Hinblick auf die Weidehaltung vorkommen können, zusammengefasst. Die Tabelle gibt jedoch nur Hinweise auf mögliche Ursachen, Symptomatik, Erste-Hilfe-Maßnahmen und Vermeidung. Der Pferdebesitzer sollte sich durch weiterführende Literatur beziehungsweise Kurse über die einzelnen Krankheitsbilder sowie erste Hilfe genauer informieren.

Tabelle 11: Häufige Krankheiten beim Weidegang

Erkrankung	**Ursachen**	**Symptome**	**erste Hilfe**	**Vorbeugung**
Wunden	Verletzungsträchtige Weideeinrichtung oder Ausrüstung, Platzmangel, Unverträglichkeiten, Unrat auf der Weide	Blutungen, eventuell Entzündungen, Vereiterungen, Unterhautentzündung (Phlegmone) bei Stichwunden mit Fieber	starke Blutungen mit Druckverband stillen, Platzwunden: Wundränder feucht halten	einwandfreie Weideeinrichtung, Ausweichmöglichkeiten, Integration neuer Weidegenossen unter Aufsicht, unbeschlagene Pferde, Kontrollgänge
Zerrungen	unebene und rutschige Weiden, Hanglagen	Schwellungen, Lahmheit	kühlen	geeignete Weidestandorte, Weiden einebnen
Vergiftungen	Giftpflanzen, Herbizide, Düngemittel, teerölimprägnierte Weidepfosten	Speicheln, Torkeln, blutiger Durchfall, Erregbarkeit, Muskelzucken und anderes	nicht füttern, Wasser nach Belieben, Bachblüten-Notfalltropfen, Ohrmassage	Giftpflanzen von Weide entfernen, Wartezeiten einhalten, giftige Weidepfosten entfernen
Verwurmung	mangelnde Weidehygiene, fehlende Entwurmung	Durchfall, Kolik, Abmagerung, zugleich „dicke Bäuche", Schweifscheuern	siehe unter Kolik	Weidehygiene, Kotproben, regelmäßig Wurmkuren
Durchfall	abrupte Futterumstellung auf Grünfutter, fehlende Rohfaser, Allergie	verunreinigter Afterbereich beziehungsweise Schweifrübe	Afterrosette und Schweif säubern	allmähliche Futterumstellung, Raufutter zufüttern, Allergietest durchführen
Kolik	siehe oben; verdorbenes Futter, abgegraste Weiden mit Sandboden, Streuobstwiesen	nach Bauch umsehen und gegebenenfalls treten, Wälzen, Scharren, Schwitzen, Futterverweigerung, Apathie	je nach Witterung abdecken/in Schatten stellen, weicher Untergrund (Wälzen schadet nicht), nicht füttern, im Schritt führen	siehe oben; einwandfreies Futter, Weidemanagement, gegebenenfalls zufüttern, Obstbäume abernten oder abzäunen
Hufrehe	übermäßige Aufnahme eiweiß- und kohlenhydratreicher Gräser in Weißklee/Weidelgras (Fruktan), Kolik, Giftpflanzen, plötzliche Futterumstellung	Tippeln, klammer Gang, vorgeschobene Vorderbeine, heiße Hufe, vermehrte Zehenpulsation, Schmerzsymptome, hohe Atemfrequenz	weitere Grasaufnahme verhindern, Hufe kühlen, im Frühstadium auf weichem Boden führen (10 Minuten pro Stunde, mehrmals)	entsprechendes Saatgut auswählen, begrenzter Weidegang, regelmäßig Bewegen, Futter langsam umstellen, Kolik vermeiden, Giftpflanzen entfernen
Sonnenbrand	fehlender Schatten, unpigmentierte Körperstellen, foto-sensibilisierende Pflanzen, Zinkmangel, Leberschäden, Allergie	Rötungen, Pusteln, Verbrennungen	grünen Lehm oder Heilerde dick auftragen, eventuell Brandsalbe, Pferd aus der Sonne bringen	Unterstand, Sonnenschutzmittel (Schutzfaktor 25), fotosensibilisierende Pflanzen entfernen, eventuell Nährstoffmangel ausgleichen

Erkrankung	Ursachen	Symptome	erste Hilfe	Vorbeugung
Hitzschlag	Schwüle Hitze, Wärmestau in Weidezelten oder Weidedecken, Wassermangel	Taumeln, Schweißausbruch, Fieber, Kreislaufzusammenbruch	in den Schatten bringen, ganzen Körper kühlen, Tränken (2–3 Liter Wasser alle 5 Minuten)	luftiger Unterstand, atmungsaktive Decken, ausreichende Wasserzufuhr
Sonnenstich	fehlender Schatten, lokale Sonneneinstrahlung auf Kopf- und Nackenbereich	Taumeln, Apathie, kein Schwitzen, kühle Haut	in den Schatten bringen	effektiver Sonnenschutz (Unterstand/Bäume)
Austrocknung (Dehydrierung)	Hochgradiger Wassermangel	verminderte Ausscheidung, Kreislaufprobleme, reduziertes Schwitzvermögen, Hautaustrocknung (Hautfaltentest)	ganzen Körper kühlen, Tränken (2–3 Liter Wasser alle 5 Minuten)	ausreichende Wasserversorgung, Weidetränken überprüfen
Erkältung	Kälteeinbruch, Nässe, fehlender Wetterschutz, feuchte Liegeflächen, verschwitzte Pferde in Zugluft	erhöhte Temperatur, Mattigkeit, Nasenausfluss, Husten	eindecken, gegebenenfalls vorübergehendes Einstallen, Heu anfeuchten	Unterstand, trockene Liegemöglichkeit, nasse Pferde schützen, eventuell Paraimmunitäts-Inducer (Erhöhung der Abwehrkräfte)
Mauke	dauernasse Weidestandorte, Matsch, mangelnde Hygiene	Entzündungen, Schorf und Risse in der Fesselbeuge	Desinfektion, Maukesalben, trockener Untergrund	geeignete Weidestandorte, Drainagen, Skin-Guard® Allwetterschutz (Biofarm)
Strahlfäule	dauernasse Weidestandorte, Matsch, mangelnde Hygiene	Risse und Löcher in den Strahlfurchen, stinkendes Sekret	Hufe reinigen zum Beispiel mit Kernseife, 10 % Jodoform-Äther einträufeln, trockener Untergrund	trockene Weiden, regelmäßige Hufpflege, natürliche Hufform
Bindehautentzündung	Fliegen, Blütenpollen, Sonnenlicht, Allergie, fehlender Fliegen- und Sonnenschutz	tränende Augen, geschwollene Lider, Rötungen der Bindehaut, Augenreiben	Augenregion mit Kochsalzlösung reinigen, Schwellungen mit Kompresse kühlen, Augentropfen beziehungsweise -salben	effektiver Fliegen- und Sonnenschutz durch dunkle Gesichtsnetze, vorübergehend Einstallen bei extremen Pollenflug
Insektenstiche	Mücken, Stechfliegen, Wespen, Hornissen; Weiden in Wasser- oder Waldnähe, Streuobstwiese, fehlender Insektenschutz	Schwellungen, Juckreiz, Erstickungsgefahr im Maul-Rachen-Bereich	juckreizstillende Gels, Kompressen im Maul-Rachen-Bereich	geeignete Weidestandorte, effektiver Insektenschutz durch Unterstände, Schutzausrüstung und/oder Repellents
Sommerekzem	Allergie (Culicoides-Mücke), Feuchtweiden, fehlender Mückenschutz	Juckreiz, Pusteln, Ekzeme, Scheuerwunden	juckreizlindernde, desinfizierende und Mücken abwehrende Salben, Pasten, Emulsionen	geeignete Weidestandorte, mückensichere Unterstände, Schutzausrüstung und/oder Emulsionen, ausgesuchte, temporäre Weidezeiten, Allergietest, Medikation (eventuell Eigenbluttherapie), Zusatzfutter, eiweißarme Weiden

Erkrankung	Ursachen	Symptome	erste Hilfe	Vorbeugung
Headshaking	Allergie gegen Insekten, Sonnenlicht, Blütenpollen, fehlende Schutzmaßnahmen	heftiges Kopfnicken beziehungsweise -schlagen, Unruhe	vorübergehendes Einstallen, nächtlicher Weidegang	Kopfschutz (dunkle Gesichtsnetze, Nasenabdeckung), Weideunterstand, Allergietest, eventuell Medikation, Eigenbluttherapie
Urtikaria (Nesselsucht)	Allergie gegen Brennnessel, Insektenstiche	Quaddeln, Juckreiz	lokales Kühlen, lokale Antihistaminika	Brennnesseln entfernen, Insektenschutz, Allergietest, Eigenbluttherapie
Pollenallergie	Gräser-, Kräuter-, Baum- und Strauchpollen	gerötete und/oder geschwollene Nasen-/Rachenschleimhaut, Ausfluss, Husten, Atemnot	Einstallen bei extremen Pollenflug, Cortison-Behandlung, Bachblüten-Notfalltropfen bei Atemnot	ausgesuchtes Saatgut, Entfernen entsprechender Gräser, Kräuter, Bäume und Sträucher, Allergietest, Desensibilisierung, Heu anfeuchten, staubarmes Einstreu

Feste Anbindemöglichkeit auf der Weide

Bei ausschließlicher Weidehaltung sollte eine stabile und möglichst befestigte oder überdachte Anbindestelle vorhanden sein, wo die Pferde (tierärztlich und hufpflegerisch) behandelt werden können.

Zur Gesundheitsvorsorge von Weidepferden gehören insbesondere:

- regelmäßige Wurmkuren (drei- bis viermal im Jahr mit wechselnden Präparaten), Weidehygiene
- regelmäßige Schutzimpfungen gegen Influenza, Tetanus, Tollwut, Herpes, Virusabort (Zuchtstuten), Fohlenlähme (Neugeborene)
- ausbruchs- und verletzungssichere Weidezäune
- effektiver Wetterschutz durch Unterstände, Bäume, Windschutzhecken
- Entfernen von Giftpflanzen und Einhaltung von Karenzzeiten (Wartezeiten) nach Herbizid- oder Düngemitteleinsatz
- Bestands- und flächenorientiertes Weidemanagement, geeignete Weidestandorte
- bedarfsgerechte Zufütterung, allmähliche Futterumstellung im Frühjahr/Herbst sowie ständige Bereitstellung sauberen Tränkewassers
- regelmäßige Hufpflege und verletzungssichere Ausrüstung
- effektiver Insektenschutz durch insektensichere Unterstände, Schutzausrüstung und/oder Repellents sowie Weide hygiene, ausgesuchte Weidestandorte und Weidezeiten
- besondere Vorkehrungen beziehungsweise Behandlungen bei Allergien gegen Insekten, Sonnenlicht, Blütenpollen

8 Futter vom Grünland

Heuwerbung

Unter Heuwerbung versteht man den gesamten Prozess der Heugewinnung vom Schneiden, Trocknen, Pressen bis hin zum Lagern des Grünfutters.

Entscheidend für eine gute Qualität des Heus ist eine beständige Wetterlage über mindestens vier bis fünf Tage, die den Trocknungsvorgang gewährleistet. Verregnet das Schnittgut, werden Nähr- und Aromastoffe vernichtet, was die Heuqualität erheblich bis hin zur Unbrauchbarkeit senkt.

Neben der Witterung spielt der richtige Schnittzeitpunkt eine wichtige Rolle für qualitätsvolles Heu. Im Idealfall sollte erst nach Ende der Gräserblüte (etwa Ende Juni bis Mitte Juli) gemäht werden, weil das Gras dann zum einen weniger Blütenpollen (wichtig für Allergiker) enthält und zum anderen strukturreicher (mehr Stängel, weniger Blätter) und eiweißärmer ist. Heu vom zweiten Aufwuchs im Spätsommer ist für Pferde allerdings weniger geeignet, weil dieses Grünfutter, das man auch Grummet oder Öhmd nennt, sehr strukturarm ist und einen hohen Blatt- und Proteinanteil hat. Wenn überhaupt, sollte Grummet nur mit gutem Futterstroh gemischt verfüttert werden.

Beim Mähen sollte eine Schnitthöhe von 7 bis 5 Zentimeter nicht unterschritten werden, damit keine Erdklumpen in die Mahd geraten. Nach dem Mähen wird das Schnittgut zum Trocknen mithilfe eines Kreiselwenders gleichmäßig verteilt. Gewendet wird am Vormittag. Bei sehr üppigem Aufwuchs sollte zweimal täglich gewendet werden.

Abends wird das angetrocknete Schnittgut mit dem Schwader in Bahnen gelegt, damit es nachts nicht zu viel Bodenfeuchte aufsaugt. Je nach Aufwuchs und Witterung kann die Mahd am dritten oder vierten Tag eingefahren werden. Die Mahd sollte nicht mehr als 20 Prozent Feuchtigkeit enthalten.

Zum Pressen wird das Heu zunächst wieder geschwadet, wobei die Ballenpresse die getrocknete Mahd aufnimmt und in Kleinballen oder große Quader- beziehungsweise Rundballen presst. Großballen benötigen jedoch eine ebenerdige, großflächige sowie überdachte Lagerfläche (Scheune).

Kleinballen können hingegen von einer Person bewegt und Platz sparend auf dem Heuboden gestapelt werden.

Um eine Restfeuchte von maximal 15 Prozent zu erreichen, schwitzt das frisch gepresste Heu nach, indem Wasserdampf von innen nach außen verdunstet. Damit es während der Schwitzphase nicht zu Schimmelbildung kommt, sollten zwischen dem Heu und den Wänden beziehungsweise dem Dach mindestens 5 bis 10 Zentimeter Platz sein. Betonböden sollten mit einer dicken Lage Stroh bestreut werden. Mit dem Nachschwitzen geht eine Wärmeentwicklung im Innern der Heuballen einher. Wird das Heu zu heiß, kann es zu einer Selbstentzündung kommen. Deshalb muss man für eine gute Luftzirkulation sorgen und die Temperatur kontrollieren.

Je nach Pressdichte der Ballen dauert die Schwitzphase des Heus zwischen acht und zwölf Wochen. Erst wenn die Ballen außen ganz trocken und innen vollständig abgekühlt sind, darf das Heu verfüttert werden. Qualitätsvolles Heu ist von grünlicher Farbe, duftet aromatisch, hat einen geringen Staubanteil und fühlt sich trocken, aber weder weich noch sperrig an. Bräunliches oder gräuliches Heu, das brandig oder muffig riecht, enorm staubt oder klamm und schimmelig ist, darf auf keinen Fall als Pferdefutter dienen.

Silierung

Silagen nennt man durch Gärung haltbar gemachtes Grünfutter, wobei Zucker unter Ausschluss von Sauerstoff in Milchsäure umgewandelt und der pH-Wert unter 4 gesenkt, also angesäuert wird. Zu diesem Zweck wird die angewelkte Mahd luftdicht in Folien verpackt. Je nach Anwelkgrad unterscheidet man Nasssilage (20 bis 30 Prozent Trockenmasse (TM)), Grassilage (30 bis 50 Prozent TM) und Heulage (50 bis 60 Prozent TM). Nasssilagen sind für Pferde allerdings nicht geeignet, da sie ungern gefressen werden und zudem Durchfall und Koliken verursachen können.

Für Silagen liegt der Schnittzeitpunkt in der Regel früher als bei Heu (Beginn bis Ende der Gräserblüte). Wird später gemäht, ist das Schnittgut zwar rohfaserhaltiger, jedoch auch üppiger und sperriger, weshalb es eventuell gehäck-selt und besonders gut verdichtet werden muss, damit keine Luft eindringt und der Siliervorgang gelingt.

Die Herstellung selbst erfolgt zunächst analog zur Heuwerbung. Je nach gewünschtem Anwelkgrad wird die Mahd jedoch bereits am zweiten beziehungsweise dritten Tag eingefahren, indem sie in Quader- oder Rundballen gepresst und anschließend mithilfe einer Spezialmaschine in vier bis acht Lagen einer speziellen Strechfolie eingewickelt wird. Die Folien dürfen weder platzen noch zerreißen, da sonst Luft eindringt und die Silage durch Fäulnisbakterien verdirbt. Ein umsichtiger Transport ist darum besonders wichtig. Im Unterschied zu Heu können Silageballen jedoch durchaus an einem schattigen, möglichst befestigten Platz im Freien lagern, wenn man ein Netz gegen Vogelfraß über die Ballen spannt.

Bis zum Abschluss des Gärvorgangs dauert es in der Regel vier bis sechs Wochen, bevor die Silage als Futter vorgelegt werden darf. Angebrochene Silageballen müssen innerhalb einer Woche aufgebraucht werden.

Einwandfreie Silage ist grün oder hellgrün, fühlt sich leicht feucht an und riecht angenehm säuerlich. Die Grashalme sollten deutlich erkennbar sein. Verdorbene oder misslungene Silagen sind dagegen von hellgelber, giftgrüner oder schwarzbrauner Farbe, haben eine matschige, kompostartige oder mürbe Konsistenz und riechen modrig, nach Essig- oder Buttersäure (ranzige Butter). Schimmelnester und Verunreinigungen durch Erdklumpen oder Kot sowie durch Tierkadaver machen Silagen nicht nur unbrauchbar, sondern können durch tödliche Nervengifte des Botulismustoxins sogar lebensbedrohlich werden.

Im Unterschied zu Heu besitzt Silage zwar mehr Vitamine, aber auch mehr Eiweiß und Kalorien (verdauliche Energie), was für leichtfuttrige Pferde und Risikogruppen (zum Beispiel Rehepferde) problematisch sein kann. Gut geeignet sind Silagen hingegen für Leistungspferde, Aufzuchttiere und Zuchtstuten sowie für Atemwegsallergiker. Grundsätzlich sollten Grassilagen aber nicht mehr als die Hälfte des Grundfutters ausmachen. Gehäckseltes Siliergut sollte immer mit Futterstroh gemischt werden.

Adressen

Sächsische Landesanstalt für Landwirtschaft
Fachbereich Landwirtschaftliche
Untersuchungen (LUFA)
Gustav-Kühn-Straße 8 · 04159 Leipzig-Möckern

Landwirtschaftliche Untersuchungs- und
Forschungsanstalt des Landes Sachsen-Anhalt
Schiebziger Straße 29 · 06120 Halle (Lettin)

Landwirtschaftliche Untersuchungs-
und Forschungsanstalt Potsdam
Templiner Straße 21 · 14473 Potsdam

Landwirtschaftliche Untersuchungs- und
Forschungsanstalt LUFA der LMS – Landwirtschaftsberatung Mecklenburg-Vorpommern
Graf-Lippe-Straße 1 · 18059 Rostock

Landwirtschaftliche Untersuchungs- und
Forschungsanstalt Schleswig-Holstein
Gutenbergstraße 75–77 · 24116 Kiel

Landwirtschaftliche Untersuchungs-
und Forschungsanstalt
Jägerstraße 23–27 · 26121 Oldenburg

Landwirtschaftliche Untersuchungs- und
Forschungsanstalt der LK Hannover
Finkenborner Weg 1 A · 31787 Hameln

Landwirtschaftliche Untersuchungs- und
Forschungsanstalt Hessen
Am Versuchsfeld 11–13 · 34128 Kassel

Landwirtschaftliche Untersuchungs- und
Forschungsanstalt (LUFA) Nordrhein-Westfalen
Nevinghoff 40 · 48147 Münster

Landwirtschaftliche Untersuchungs- und
Forschungsanstalt
Siebengebirgsstraße 200 · 53229 Bonn

Verband Deutscher Landwirtschaftlicher
Untersuchungs- und Forschungsanstalten (VDLUFA)
Bismarckstraße 41 · 64293 Darmstadt

Landwirtschaftliche Untersuchungs- und
Forschungsanstalt Speyer
Obere Langgasse 40 · 67326 Speyer

Staatliche Landwirtschaftliche
Untersuchungs- und Forschungsanstalt
Augustenberg (Baden-Württemberg)
Neßler Straße 23 · 76227 Karlsruhe

Bayerische Hauptversuchsanstalt für
Landwirtschaft
85350 Freising-Weihenstephan

Sächsische Landesanstalt für Landwirtschaft
Fachbereich Landwirtschaftliche
Untersuchungen (LUFA)
Gustav-Kühn-Straße 8
04159 Leipzig-Möckern

Institut Dr. Balzer
Oberer Ellenberg
Amönau · 35083 Wetter

Bundesverband der Maschinenringe e.V.
Ottheinrichplatz A 117
86633 Neuburg/Donau
www.maschinenringe.de